O PRINCÍPIO DA INTERVENÇÃO MÍNIMA DO PODER JUDICIÁRIO NAS NORMAS COLETIVAS

ATUALIZADO COM O TEMA 1046 DO STF

AUTORIA
SÍLVIA FIGUEIREDO ARAÚJO SCHNITZLEIN

LTr®

O PRINCÍPIO DA INTERVENÇÃO MÍNIMA DO PODER JUDICIÁRIO NAS NORMAS COLETIVAS

ATUALIZADO COM O TEMA 1046 DO STF

2024

LTr®

LTr Editora Ltda.

Rua Jaguaribe, 571
CEP 01224-003
São Paulo, SP — Brasil
Fone (11) 2167-1101
www.ltr.com.br
Janeiro, 2024

Produção Gráfica e Editoração Eletrônica: GRAPHIEN DIAGRAMAÇÃO E ARTE
Projeto de Capa: DANILO REBELLO
Impressão: META BRASIL

versão impressa — LTr 6430.5 — ISBN 978-65-5883-275-1
versão digital — LTr 9904.1 — ISBN 978-65-5883-276-8

Dados Internacionais de Catalogação na Publicação (CIP)
(Câmara Brasileira do Livro, SP, Brasil)

Schnitzlein, Sílvia Figueiredo Araújo

O princípio da intervenção mínima do poder judiciário nas normas coletivas: (atualizado com o tema 1046 do STF) / Sílvia Figueiredo Araújo Schnitzlein. — São Paulo, SP : LTr Editora, 2024.
PDF

Bibliografia.
ISBN 978-65-5883-275-1

1. Direito do trabalho — Brasil 2. Trabalho — Leis e legislação — Brasil I. Título.

23-178783 CDU-34:331(81)(094)

Índices para catálogo sistemático:

1. Brasil : Leis trabalhistas 34:331(81)(094)
2. Consolidação das Leis do Trabalho : Brasil 34:331(81)(094)

Tábata Alves da Silva — Bibliotecária — CRB-8/9253

Ao Chris, Mafê e Bia, meus amores, sempre presentes e sempre inspiradores, para tudo em minha vida. Obrigada por tornarem meus dias tão felizes.

Aos meus pais, meus primeiros exemplos de trabalho árduo e determinado, não apenas como forma de sustento, mas como exercício da dignidade, de crescimento e de excelência. À minha irmã Carol por todos seus ensinamentos até aqui e por todos que estão por vir.

Hoje desaprendo o que tinha aprendido até hoje
e que amanhã recomeçarei a aprender.

Todos os dias desfaleço e desfaço-me em cinza efêmera:
todos os dias reconstruo minhas edificações, em sonho eternas.

Cecília Meireles.

Hoje desaprendo o que tinha aprendido até hoje.

SUMÁRIO

INTRODUÇÃO

O objetivo geral do presente trabalho é elaborar uma análise crítica da inovação trazida pelo art. 8º, § 3º, da Consolidação das Leis do Trabalho, para investigar o papel do Poder Judiciário ao decidir casos em que sejam questionadas cláusulas de normas coletivas firmadas após a reforma trabalhista de 2017, de forma a garantir a efetividade de direitos fundamentais sem, por outro lado, simplesmente negar vigência ao artigo mencionado e ao princípio da intervenção mínima na autonomia privada coletiva mencionada no artigo em questão.

Neste estudo, é feita referência às convenções coletivas de trabalho e aos acordos coletivos de trabalho, quando tratados em conjunto, como normas coletivas. Menciona-se, ainda, o princípio da intervenção mínima na autonomia da vontade coletiva, conforme referido pelo legislador no art. 8º, § 3º, da Consolidação das Leis do Trabalho, sem, contudo, analisar a pertinência ou não dessa classificação como princípio, por não ser este o objeto deste estudo.

Segundo a previsão legal, ao analisar acordo ou convenção coletiva, cabe à Justiça do Trabalho avaliar exclusivamente a conformidade com os elementos essenciais do negócio jurídico, com base no art. 104 do Código Civil de 2002, orientado pelo princípio da intervenção mínima na autonomia privada coletiva.

A previsão legal inovou ao impor limite na atuação do magistrado para analisar normas coletivas de forma que, ao menos de maneira aparente, propõe a revisão judicial somente dos aspectos formais da norma coletiva, sem avaliar ou realizar qualquer juízo de valor sobre o conteúdo das cláusulas acordadas.

Em uma primeira análise, a decisão judicial sobre casos envolvendo cláusulas de normas coletivas firmadas após a reforma trabalhista de 2017, se realizada na forma permitida pelo art. 8º, § 3º, da Consolidação das Leis do Trabalho, seria suficiente para impedir qualquer desrespeito aos arts. 611-A e 611-B da Consolidação das Leis do Trabalho, na medida em que eventual violação poderia se caracterizar como objeto ilícito nos termos do art. 104 do Código Civil de 2002.

Porém, é certo que o tema negociações coletivas é complexo e não se resolve pelo mero enquadramento, ou não, de determinada cláusula nos arts. 611-A e 611-B da Consolidação das Leis do Trabalho. A complexidade é ainda maior quando norma infraconstitucional prevê limites na atuação judicial ao decidir casos envolvendo normas coletivas. Não se discute a importância de se atender os elementos essenciais indicados na norma coletiva, conforme art. 104 do Código Civil de 2002 (agente capaz, objeto lícito, possível, determinado ou determinável, e forma prescrita ou não defesa em lei). Mas, discute-se se estaria o juiz do trabalho limitado a garantir o cumprimento desses elementos apenas sob a ótica formal, vedada a ampliação de sua análise para o conteúdo das normas coletivas mesmo quando verificado potencial descumprimento a direitos fundamentais.

Além disso, a novidade legislativa desperta discussões sobre a sua constitucionalidade no que tange à ótica dos direitos fundamentais eventualmente negociados em normas coletivas. É objeto do presente estudo analisar a compatibilidade da previsão do art. 8º, § 3º, da Consolidação das Leis do Trabalho com os direitos fundamentais e os princípios constitucionais, como o acesso à justiça, o não retrocesso social e a dignidade humana. Como se sabe, o tema de direitos fundamentais é extenso e complexo, de forma que este estudo não pretende esgotá-lo, mas apresentar uma abordagem necessária para entendimento do tema que permita a elaboração de uma análise crítica do art. 8º, § 3º, da Consolidação das Leis do Trabalho, objeto central deste trabalho.

Quanto aos elementos essenciais do negócio jurídico previstos no art. 104 do Código Civil de 2002, o presente estudo aborda o objeto lícito e a forma prescrita ou não defesa em lei. A presente análise não inclui, por outro lado, o elemento de agente capaz. Isto porque o estudo do elemento agente capaz no contexto das negociações coletivas necessitaria de investigação profunda e detalhada do papel dos sindicatos, envolvendo questões como representação e representatividade sindical, além de discussões sobre eventual reforma sindical, o que não se pretende neste momento.

O estudo se baseia, fundamentalmente, na análise de doutrina e jurisprudência sobre o art. 8º, § 3º, da Consolidação das Leis do Trabalho, as razões e os fundamentos da alteração legislativa no contexto da reforma trabalhista, além dos fundamentos da Constituição Federal de 1988 sobre o papel das normas coletivas e seus limites.

Ao final, pretende-se responder a questão sobre qual a interpretação a ser dada ao art. 8º, § 3º, da Consolidação das Leis do Trabalho, de maneira compatível com os direitos fundamentais, sem, contudo, negar vigência a ele e a outros artigos da Consolidação das Leis do Trabalho, como o art. 611-A, § 2º, da Consolidação das Leis do Trabalho.

1. ANÁLISE PRELIMINAR DAS NORMAS COLETIVAS NO CONTEXTO DAS RELAÇÕES COLETIVAS DE TRABALHO

A origem das relações coletivas de trabalho confunde-se com a história do direito do trabalho[1] na medida em que se desenvolve com a necessidade dos trabalhadores de buscar melhores condições no desempenho de suas atividades profissionais.

No Brasil, o papel dos sindicatos até a Constituição Federal de 1988 foi desempenhado de forma limitada e, pode-se dizer, até artificial, pois sua atuação era vinculada ao Poder Executivo, que até então realizava medidas de enquadramento sindical, coleta de contribuições sindicais e autorização para funcionamento dos sindicatos.

Amauri Mascaro Nascimento[2] descreve a influência do Estado intervencionista, a partir de 1930, no papel dos sindicatos brasileiros, explicando que o Estado atribuiu aos sindicatos funções de colaboração com o poder público para que, dessa forma, os sindicatos atuassem sob o controle do Estado, ao invés de permitir que capital e trabalho colidissem. Os sindicatos, nessa época, atuavam, portanto, como agentes do Estado, em modelo de unicidade sindical, gerenciado e comandado pelo próprio Estado. Os interesses reais dos trabalhadores passavam à margem completa desta estrutura.

O autor relembra que a Constituição Federal de 1934 caminhou no sentido de adotar o pluralismo sindical, mas não houve repercussão, principalmente, porque não se tratava de um pluralismo puro, já que havia, por

(1) SANTOS, Enoque Ribeiro dos. *Negociação coletiva de trabalho*. 3. ed. São Paulo: Grupo GEN, 2018. p. 35.

(2) NASCIMENTO, Amauri Mascaro. *Compêndio de direito sindical*. 8. ed. São Paulo: LTr, 2015. p. 106.

exemplo, exigência de pelo menos 1/3 dos empregados na mesma profissão e no mesmo local, o que levava à existência de um número limitado de sindicatos, além de não se preservar a plena autonomia sindical, já que se exigia a presença de um representante do Ministério do Trabalho nas assembleias sindicais.

Daí em diante, nas Constituições de 1937 e de 1946, foi mantida a vinculação do sindicato ao Estado e sua falta de autonomia, conforme explica Amauri Mascaro Nascimento ao descrever o cenário da época:

> Nesse sistema, sindicatos, federações e confederações eram como degraus de uma escada que desembocaria na corporação. Com essa medida, procurou o Estado ter em suas mãos o controle da economia nacional, para melhor desenvolver os seus programas de política econômica e trabalhista. Para esse fim, julgou imprescindível evitar a luta de classes[3].

Por isso, afirma-se que o papel dos sindicatos até 1988 era limitado e artificial. Não havia autonomia para defenderem os interesses dos trabalhadores, mas uma atuação gerenciada pelo Estado para auxiliarem na implementação de políticas públicas, nada além disso.

No cenário internacional, no início do século XX, surgiram as primeiras medidas de incorporação dos direitos sociais nas constituições, como a Constituição da Revolução Mexicana (1917) e a Constituição alemã de Weimar (1919)[4].

Enoque Ribeiro dos Santos ensina:

> Na evolução do Direito Coletivo e na luta pela conquista de seus direitos, os trabalhadores tomavam posição para pleitear os benefícios que lhes eram devidos e, para fortalecer sua ação, muito cooperou o desenvolvimento do espírito sindical. Provocavam-se greve, criavam-se organizações proletárias, travavam-se por vezes choques violentos entre essas massas e as forças policiais, ainda movimentadas pela classe capitalista. Surgiram atos de sabotagem, e tornou-se famosa a luta sob o nome de cacanny, ou braços caídos. No campo político, a voz dos trabalhadores já se fazia ouvir em parlamentos, quer por meio

(3) NASCIMENTO, Amauri Mascaro. *Compêndio de direito sindical*. 8. ed. São Paulo: LTr, 2015. p. 112.

(4) BOMFIM, Vólia. *Direito do trabalho*. Niterói/RJ: Impetus, 2008. p. 1.246.

de líderes operários, quer pelos políticos que se fizeram porta-vozes de seus anseios[5].

Com a Constituição Federal de 1988, embora algumas características do corporativismo tenham sido mantidas (contribuição sindical obrigatória e, sobretudo, unicidade sindical), os sindicatos assumem um papel mais relevante. A Constituição Federal de 1988 impõe a livre associação sindical, de forma que não cabe mais ao Estado autorizar, ou não, a fundação de sindicatos. Além disso, garante aos sindicatos a participação nas negociações coletivas de trabalho, além da defesa dos direitos e interesses coletivos ou individuais da categoria, em questões judiciais e administrativas.

É também na Constituição Federal de 1988 que as negociações coletivas ganham destaque ao serem elencadas, pela primeira vez no Brasil, no rol de direitos fundamentais dos trabalhadores (art. 7º, XXVI), embora a Constituição Federal de 1934 já tivesse previsão sobre o reconhecimento das convenções coletivas de trabalho (art. 121, § 1º, "j"), mas sem elegê-lo como direito fundamental.

A Constituição Federal de 1988 prevê, sem exaurir o tema, alguns temas que poderiam ser endereçados em negociação coletiva, como a redução de salários (inciso VI) e a compensação de jornada (inciso XIII).

No julgamento do Supremo Tribunal Federal em que se fixou o Tema 1.046, o Relator Ministro Gilmar Mendes abordou os aspectos históricos relacionados ao papel dos sindicatos no Brasil:

> Essa simbiose entre Poder Público e movimento sindical passou a ser um dado permanente de nosso direito, não obstante as óbvias adaptações impostas pelo tempo. Simbiose adequadamente descrita por Armando Boito Júnior por meio do conceito de "Sindicalismo de Estado": uma complexa teia de relações entre trabalhadores, sindicatos e Poder Público que convergem para a integração do movimento trabalhista à burocracia do Estado. Uma simbiose que não é neutra: a conjugação de sindicatos oficiais, unicidade sindical e imposto sindical rende a consequência de forjar sindicatos separados da sua própria base representativa (os trabalhadores), mas submissos ao Estado. (BOITO JÚNIOR, Armando. Sindicalismo de Estado no Brasil. São Paulo: Hucitec, 1991). **Ora, é preciso aceitar que a Constituição de 1988 aconteceu; e, com ela, uma nova configuração entre público e privado, entre a esfera estatal e a sociedade. Simplesmente negar a autonomia coletiva para deliberar sobre condições de trabalho próprias a determinada categoria, promovendo anulações seletivas daquilo que foi acordado entre forças econômicas e profissionais autônomas, acaba por representar uma reedição da tutela do Estado sobre os sindicatos.**[6] (grifamos)

---

(5) SANTOS, Enoque Ribeiro dos. *Negociação coletiva de trabalho*. 3. ed. São Paulo: Grupo GEN, 2018. p. 37.

(6) STF, julgamento Tema 1046, página 21 do acórdão.

A Constituição Federal de 1988 representa, então, relevante mudança no papel dos sindicatos, que passaram a assumir função desvinculada do Estado na negociação de normas que regem as relações de trabalho.

O contexto é importante porque indica a origem e o cenário da previsão constitucional que se tem hoje sobre normas coletivas, a representar um marco na história constitucional dos direitos trabalhistas, pois foi com a Constituição Federal de 1988 que a negociação coletiva foi alçada ao papel de conciliar interesses de empresas e de empregados, abandonando o papel até então adotado, totalmente passivo, de atuar de forma acessória ao papel do Estado. Ao contrário, na Constituição Federal de 1988, à negociação coletiva é dada a missão de contribuir para a construção de uma sociedade democrática, como uma das formas de participação do cidadão (no caso, em sua vertente de trabalhador) na definição das normas que regulamentam os conflitos sociais.

Ao se abordar as negociações coletivas como forma de viabilizar o alcance de direitos sociais pelos trabalhadores, é possível recorrer à doutrina de Boaventura de Souza Santos, que discute a exclusão social como um problema central das sociedades ocidentais modernas, vinculada ao modelo de capitalismo e de neoliberalismo[(7)].

Para ele, parte deste problema está, justamente, no conceito hegemônico de direito atual, que é o direito estatal ou sancionado pelo Estado. O molde hegemônico do direito impõe um direito autônomo e independente de eficácia social. Para Boaventura de Souza Santos, isso é o que deve ser superado. Há hegemonia do direito na medida em que é produzido e imposto pelo Estado, podendo, assim, criar direitos para alguns e regalias individuais também asseguradas em lei. Neste aspecto é que deve haver atuação do que o autor chama de cosmopolitismo subalterno, em um projeto que Boaventura de Souza Santos denomina de contra-hegemônico:

> As leis são padrões normativos de ação social dotados de autoridade e produzidos pelo Estado, ao passo que os direitos são regalias individuais dotadas de autoridade, garantidas pelo Estado e criadas a partir das leis. Concebidos desta maneira, o direito e os direitos determinam os seus próprios limites, para além dos quais nada pode ser reivindicado nem como lei nem como um direito. Por ser quem produz e garante, o

(7) SANTOS, Boaventura de Souza. Poderá o direito ser emancipatório? *Revista Crítica de Ciências Sociais*, maio 2003.

Estado detém o monopólio sobre a declaração de legalidade ou ilegalidade, do certo (direito) ou do errado (não-direito)(8).

Neste contexto, e considerando a evolução do direito coletivo do trabalho nas Constituições brasileiras, o diálogo existente nas negociações coletivas impõe-se, atualmente, como forma não só de exercício da atuação coletiva dos trabalhadores na busca de melhores e adequadas condições de trabalho, mas como real exercício da democracia garantida também na Constituição Federal de 1988 (art. 1º) e de veículo importante para a busca de uma sociedade mais justa e solidária.

A negociação coletiva alçada a direito fundamental dos trabalhadores, combinada com o papel dos sindicatos em destaque, em nítida quebra de paradigma das Constituições anteriores, demonstra que a Constituição Federal de 1988 considerou a negociação coletiva condizente e alinhada aos objetivos da República Democrática.

Nesta linha, Maurício Godinho Delgado explica que uma das inovações da Constituição Federal de 1988 foi a de prever que "todo o poder emana do povo, que o exerce por meio de representantes eleitos ou diretamente" e que, neste ponto, a Carta Magna valorizou as formas autônomas de exercício de poder, referindo-se não somente aos conhecidos, porém pouco utilizados, plebiscito e *referendum*, mas também às normas coletivas especificadas nos arts. 7º, XXVI, e 8º, VI, da Constituição Federal de 1988(9).

A relevância das negociações coletivas na Constituição Federal de 1988 se reflete também nas previsões do art. 114, as quais dispõem sobre as negociações coletivas como forma prioritária de solução de conflitos trabalhistas. Tanto por isso, o caminho a ser percorrido se frustrada a negociação coletiva deve ser, primeiramente, de se eleger árbitros (§ 1º), deixando a atuação judicial como o último recurso às partes, somente em caso de recusa de alguma delas em negociar ou em se submeter à arbitragem.

Essas previsões da Constituição Federal de 1988 priorizam, portanto, a autonomia privada coletiva. Deve-se buscar o acordo entre as classes trabalhadora e empresarial, de modo a dar efetividade à sociedade democrática, justa e solidária, afastando-se do modelo existente antes da Constituição Federal de 1988, em que os sindicatos atuavam como agente do Estado, em nada contribuindo para o progresso das relações trabalhistas. Inclusive,

---

(8) SANTOS, Boaventura de Souza. Poderá o direito ser emancipatório? *Revista Crítica de Ciências Sociais*, maio 2003. p. 94.

(9) DELGADO, Mauricio Godinho. *Curso de direito do trabalho*. 18. ed. São Paulo: LTr, 2019. p. 144.

no caso de dissídio coletivo instaurado perante a Justiça do Trabalho, a Constituição Federal de 1988 prevê que a atuação do Poder Judiciário deve observar as disposições convencionadas anteriormente, priorizando, novamente, as negociações coletivas (art. 114, § 2º, da CF/1988).

Nesse sentido, Enoque Ribeiro dos Santos explica:

> Finalmente, a Constituição Federal de 1988 veio valorizar o instituto da negociação coletiva, não apenas erigindo-a a instituto constitucional, verdadeiro direito humano social fundamental, bem como atribuindo-lhe a função de administrar crises na empresa, ao admitir a redução dos salários por acordos e convenções coletivas e condicionar a propositura de dissídios coletivos à prévia tentativa de negociação (art. 114). O estímulo do texto constitucional de 1988 à negociação coletiva está representado na obrigação dos sindicatos de participar das negociações coletivas de trabalho (art. 8º, VI). Ademais, o § 1º do art. 114 também preleciona a preferência pela negociação coletiva que, uma vez frustrada, permite que as partes recorram à eleição de árbitros para o deslinde da controvérsia[(10)].

Neste contexto, surgem as normas coletivas, desde a Constituição Federal de 1988, como instrumento de exercício da democracia, amparado na autonomia privada coletiva e no direito fundamental de reconhecimento das normas coletivas de trabalho.

Antes da reforma trabalhista de 2017, mas já na vigência da Constituição Federal de 1988, não havia regulamentação clara sobre o conteúdo a ser tratado em normas coletivas. Porém, doutrina e jurisprudência endereçavam o assunto conforme algumas diretrizes.

De maneira ampla, o papel das normas coletivas, antes e depois da reforma trabalhista, consiste na pacificação social. O dinamismo das relações trabalhistas e as especificidades do trabalho desenvolvido por cada profissão, categoria ou trabalhadores de uma empresa impõem o ajuste por norma particular, transitória e de alcance mais rápido e eficiente se comparado ao tradicional processo legislativo.

Homero Batista Mateus Silva destaca a importância das normas coletivas no ordenamento jurídico trabalhista:

> Os instrumentos normativos — normas autônomas — ostentam a virtude indiscutível da imediatidade, bem assim a especificidade para o

---

(10) SANTOS, Enoque Ribeiro dos. *Negociação coletiva de trabalho*. 3. ed. São Paulo: Grupo GEN, 2018.

atendimento das demandas e a solução harmônica dos conflitos. Afora isso, uma vez firmados, os instrumentos carregam subjacentes a eles uma espécie de cláusula de pacificação social, pois não se pode ficar rediscutindo as cláusulas indefinidamente. Contanto que elas sejam cumpridas, durem o prazo de vigência ajustado entre as partes — normalmente, um ano — e evitem o desassossego no período[11].

Nota-se que as normas coletivas já desempenhavam papel de destaque no ordenamento jurídico trabalhista desde a Constituição Federal de 1988, mas assumiram patamar diferenciado –, mas alinhado com a Constituição Federal de 1988 — após a reforma trabalhista. Tradicionalmente, havia certa tendência na doutrina e jurisprudência a adotar a interpretação de que as normas coletivas poderiam regulamentar direitos e condições de trabalho, sobretudo nas lacunas da lei, não podendo, contudo, dispor de forma diferente da lei, especialmente daquelas protetivas dos empregados.

Neste sentido, José Claudio Monteiro de Brito Filho ressalta:

> A regra geral era de que não poderiam os contratos coletivos (convenções e acordos coletivos de trabalho) dispor contra as normas de proteção dos trabalhadores que estivessem reguladas pelo ordenamento jurídico estatal. Essa regra geral, cabe notar, já sofria limitações, impostas pelo texto constitucional (art. 7º, VI, XIII e XIV), no tocante à redução de salários e à compensação de jornada, e por algumas hipóteses estabelecidas de forma muito particular pelo ordenamento infraconstitucional[12].

Em outra perspectiva, Luciano Martinez indica uma análise global do instrumento coletivo que objetiva alcançar caráter mais vantajoso do que a lei:

> Entende-se por instrumento coletivo negociado todo documento que celebra o acertamento entre os sujeitos de uma relação coletiva de trabalho e que, por isso, põe fim, temporariamente, a um conflito entre eles existente. Tal ajuste, além de acabar com as contendas entre os sujeitos coletivos, estabelece condições aplicáveis às relações individuais de trabalho em caráter mais vantajoso do que aquele oferecido pela lei, desde que, evidentemente, essas condições supletivas não

---

(11) SILVA, Homero Batista Mateus. *CLT comentada*. 2. ed. São Paulo: RT, 2018. p. 442.

(12) BRITO FILHO, José Claudio Monteiro de. *Direito sindical*. 8. ed. São Paulo: LTr, 2019. p. 202-203.

contrariem o interesse público. Ressalte-se que, mesmo nas situações em que aparentemente o instrumento coletivo negociado celebre uma perda (redução coletiva de salário, por exemplo), ele, no conjunto, trará alguma vantagem que supere o aparente prejuízo (manutenção dos postos de trabalho, por exemplo)[(13)].

Antes da reforma trabalhista, as decisões dos tribunais frequentemente analisavam o mérito das cláusulas negociadas, decidindo sobre sua validade ou não, muitas vezes adotando interpretação no sentido de que a garantia constitucional era de que as normas coletivas tinham a função de alcançar novos direitos e benefícios aos trabalhadores.

Nota-se, porém, que tal interpretação não decorria do texto constitucional. A previsão do art. 7º da Constituição Federal de 1988 é de que os direitos do seu rol, no qual está o reconhecimento das normas coletivas, não excluem outros que visem à melhoria das condições sociais dos trabalhadores. Isso, porém, não é o mesmo que estabelecer que as normas coletivas têm a função de prever, apenas, benefícios aos trabalhadores. Se assim fosse, não estaria, no próprio rol do art. 7º da CLT, a possibilidade de redução salarial ou de compensação de jornada por meio de norma coletiva. Portanto, o papel das normas coletivas, segundo a Constituição Federal de 1988, já era de adequar as condições de trabalho à realidade de cada categoria — e não exclusivamente de adicionar benefícios à relação de trabalho.

Porém, no período pré-reforma trabalhista, as decisões judiciais em casos que envolviam discussão sobre cláusulas de norma coletiva, frequentemente, declaravam a invalidade de cláusulas que dispunham sobre matérias cujos limites da negociação coletiva não estavam previstos em lei constitucional ou infraconstitucional, como por exemplo, declaração de invalidade de cláusula que suprimia o direito a horas *in itinere*[(14)] ou de cláusula que estabelecia jornadas em turnos de revezamento de 8 horas sem previsão de contraprestação específica, embora não houvesse previsão legal obrigando tal contraprestação[(15)], ou ainda, de cláusula que elastecia o limite de minutos que antecediam e sucediam a jornada, fixando-o em 10 minutos ao invés dos 5 minutos legalmente previstos[(16)].

---

(13) MARTINEZ, Luciano. *Curso de direito do trabalho*. São Paulo: Saraiva, 2020. Disponível em: https://integrada.minhabiblioteca.com.br/#/books/9788553618408/. Acesso em: 6 jan. 2022, s.p.

(14) BRASIL. *Tribunal Superior do Trabalho*, RR: 2280320175090325. Rel: José Roberto Freire. 2ª Turma. Pimenta, j. 12.06.2019, Public. 14.06.2019.

(15) BRASIL. *Tribunal Regional do Trabalho*. 15ª Região, 3ª Turma. Proc. n. 12.091/2000-ROS-4.

(16) BRASIL. Tribunal Superior do Trabalho RR-7073300-85.2002.5.04.0900, 2ª Turma, Rel. Min. Vantuil Abdala, Public. 06.11.2009.

Em casos de turnos de revezamento, por exemplo, os tribunais consideravam que a extensão da jornada para 8 horas, acompanhada de maiores períodos de descanso (por exemplo, 5 dias de trabalho por 2 de descanso, ou 4x3 etc.) não era suficiente para garantir validade a uma norma coletiva sobre o tema, mesmo que tal descanso estendido interessasse aos empregados. Parte dos juízes entendia que era necessário ajustar contraprestação específica destinada a compensar os empregados pela jornada em turnos de revezamento superior a 6 horas diárias, mesmo que o resultado na negociação coletiva específica fosse em sentido contrário(17).

A atuação do Poder Judiciário ao rever normas coletivas no período pré-reforma, portanto, ocorria de forma a dar menor valor ao que fora negociado entre as partes, procurando o Judiciário encontrar a medida do que lhe parecesse razoável e protetivo ao empregado, conforme a análise de cada caso. Por exemplo, ao se adotar o entendimento de validade da norma coletiva, observa-se decisão de 1999, do Tribunal Regional do Trabalho da 3ª Região, que decidira a respeito da negociação coletiva sobre pagamento proporcional de adicional de periculosidade. Trata-se de matéria, na época, regulada pela lei. A norma coletiva foi reconhecida válida pelo Poder Judiciário, que analisou o conteúdo da norma coletiva e sua contrapartida de cumulação dos adicionais de periculosidade com insalubridade(18).

O entendimento de que a norma coletiva somente pode prever diferente da lei se fosse para beneficiar o empregado serviu de fundamento para declaração judicial de invalidade de cláusula coletiva na época pré-reforma, por exemplo, ao se analisar Convenção Coletiva de Trabalho que previa que o cálculo das horas extras considerará somente o salário-base do empregado (e não sua remuneração)(19).

Portanto, diz-se que, antes da reforma trabalhista, os tribunais comumente invalidavam normas coletivas que negociavam direitos previstos em lei (como é o caso das horas *in itinere*) e, em outros, o Poder Judiciário realizava juízo de valor sobre as cláusulas negociadas, podendo considerar válida ou inválida a norma coletiva a depender de sua previsão e do entendimento do juiz. No que tange à validade de cláusula, mesmo transacionando direitos previstos em lei, na análise conjunta das demais cláusulas, seria possível concluir que a norma coletiva era, de forma global, favorável ao empregado; ou a invalidade de cláusula por ausência de contraprestação financeira pelo elastecimento de jornada de turnos de revezamento.

---

(17) BRASIL. *Tribunal Superior do Trabalho*. RR-53100-33.2002.5.15.0105, 4ª Turma, Rel. Juiz Convocado José Antonio Pancotti, Public. 15.10.2004.

(18) BRASIL. *Tribunal Regional do Trabalho da 3ª Região* — TRT3. RO18205/98 (NL01-422/98). 3ª Turma, Rel. Maria Laura F. Lima de Faria. j. 20.07.1999.

(19) BRASIL. *Tribunal Regional do Trabalho da 10ª Região* — TRT10. RO 00002579620165100022 DF, 1ª Turma, j. 21-02-2018, Public. 01.03.2018.

Com base nesse cenário, e comparando-o com o contexto discutido, pós-reforma trabalhista, em que há limitações à atuação do Poder Judiciário por força do art. 8º, § 3º, da Consolidação das Leis do Trabalho, há dúvida se a forma de atuação do Poder Judiciário antes da reforma trabalhista era de fato favorável ao desenvolvimento das relações de trabalho e à garantia dos direitos fundamentais dos trabalhadores, conforme desejado pela Constituição Federal de 1988.

Há críticas à possibilidade de se limitar a atuação do Poder Judiciário na revisão de normas coletivas no cenário pós-reforma trabalhista. Mas a análise desse cenário deve partir, brevemente, do que era aplicado pelos Tribunais até então e o quanto isso estaria ou não em consonância com as previsões da Constituição Federal de 1988 acima referidas.

Neste aspecto, a atuação do Poder Judiciário antes da reforma trabalhista que, sem fundamentação específica em lei, analisava constantemente o conteúdo de cláusulas de normas coletivas e decidia se elas eram justas ou não, já era alvo de críticas justificadas pela doutrina. De fato, o modelo que vigorava gerava insegurança jurídica, além de desestimular a negociação coletiva, diante do sabido risco de futura anulação de cláusulas pelo Poder Judiciário, que resultaria em condenações às empresas, mesmo que a empresa tivesse agido conforme o acordado coletivamente.

Embora a atuação judicial nesses termos não violasse lei à época, já que os limites da atuação judicial não eram regulamentados no cenário pré-reforma trabalhista, é possível dizer que os quase 30 anos de vigência da Constituição Federal de 1988 foram permeados por uma atuação sindical pouco eficiente em termos de adequação de condições de trabalho e de conquista de direitos e benefícios que interessassem a cada categoria, mas era mais direcionada para reajustes de salários puramente e com pouca ou nenhuma evolução em outros aspectos, inclusive quanto ao processo democrático de ajuste entre empresas e empregados.

De fato, se considerarmos que o direito coletivo do trabalho nasce da vontade dos trabalhadores de participarem da confecção das regras que se aplicarão ao seu contrato de trabalho e à sua realidade, o cenário pré-reforma não favorecia o direito coletivo do trabalho. Negociar apenas nas lacunas da lei e somente de forma nitidamente favorável a apenas uma das partes e, quando negociado de forma diferente, estar sujeito à revisão e interpretação judicial futura, restringia sobremaneira o direito coletivo do trabalho e o exercício da real vontade tanto da classe empresarial quanto da classe trabalhadora, afastando a negociação coletiva, cada vez mais, dos instrumentos aptos a contribuir para a evolução do direito coletivo do trabalho, da sociedade democrática e da autonomia da vontade coletiva, previstas pelo Poder Constituinte de 1988.

2. ART. 8º, § 3º, DA CONSOLIDAÇÃO DAS LEIS DO TRABALHO COMO AFIRMAÇÃO DA AUTONOMIA PRIVADA COLETIVA

Segundo o relatório da comissão designada para elaborar parecer sobre a reforma trabalhista na época da sua votação, o objetivo central do projeto da reforma foi sumarizado da seguinte forma:

> Segundo a sua justificação, o projeto em análise tem por objetivo aprimorar as relações do trabalho no Brasil, por meio da valorização da negociação coletiva entre trabalhadores e empregadores, atualizar os mecanismos de combate à informalidade da mão de obra no país, regulamentar o art. 11 da Constituição Federal, que assegura a eleição de representante dos trabalhadores na empresa, para promover-lhes o entendimento direto com os empregadores, e atualizar a Lei n. 6.019, de 1974, que trata do trabalho temporário.

A prevalência do negociado sobre o legislado surge, portanto, como um dos pilares da reforma trabalhista e com um objetivo certo, de aprimorar as relações do trabalho. Os fundamentos da prevalência da norma coletiva são de ordem não apenas social (é preciso modernizar as relações de trabalho), mas, sobretudo constitucional, na medida em que o reconhecimento das normas coletivas é garantido como direito fundamental no art. 7º, XXVI, da Constituição Federal de 1988, inciso frequentemente indicado pela doutrina e pela jurisprudência como garantia da autonomia privada coletiva.

O Ministro do Supremo Tribunal Federal Luís Roberto Barroso, relator no Recurso Extraordinário 590415, já destacara a importância da autonomia coletiva de vontade e sua proteção constitucional, ao julgar acordo coletivo sobre planos de demissão voluntária envolvendo quitação geral do contrato de trabalho.

Neste caso, o entendimento do Supremo Tribunal Federal foi de que a negociação coletiva que previa a quitação ampla deveria prevalecer sobre o art. 477, § 2º, da Consolidação das Leis do Trabalho, que restringe a eficácia liberatória da quitação aos valores discriminados no termo de rescisão, determinando repercussão geral ao tema, antes mesmo dele ser previsto na lei, o que somente veio a ocorrer na vigência da reforma trabalhista. O principal argumento invocado pelo Supremo Tribunal Federal foi, justamente, a necessidade de se prestigiar a autonomia privada coletiva, acompanhando tendência mundial de crescente reconhecimento dos mecanismos de negociação coletiva, até mesmo por força de previsão das Convenções ns. 98 e 154 da Organização Internacional do Trabalho.

Note-se que não se trata somente de invocar a autonomia privada coletiva e o reconhecimento das normas coletivas previsto constitucionalmente. Há o propósito de permitir o aprimoramento e a evolução das relações de trabalho, assegurando a credibilidade das negociações coletivas e estimulando o seu uso.

O relatório da comissão enfatiza o "negociado sobre legislado" como objetivo do projeto da reforma trabalhista:

> Um dos pilares do projeto encaminhado para apreciação por esta Casa Legislativa é **a possibilidade de que a negociação coletiva realizada por entidades representativas de trabalhadores e empregadores possa prevalecer sobre normas legais, em respeito à autonomia coletiva da vontade**. De fato, a justificação do projeto menciona que o seu objetivo com tal medida é garantir o alcance da negociação coletiva e dar segurança ao resultado do que foi pactuado entre trabalhadores e empregadores (grifos nossos).

Esse objetivo é esclarecido recorrendo-se a alguns dos muitos exemplos de decisões judiciais que revogam e/ou interpretam cláusulas de normas coletivas. Por exemplo, casos em que se negociava legitimamente a redução do horário de almoço de 60 para 30 minutos e, posteriormente, a cláusula era invalidada pela Justiça do Trabalho, condenando a empresa a pagar indenizações pelos últimos dois anos[20]. Ou ainda, casos de interpretação extensiva

(20) Por exemplo: "RECURSO DE REVISTA — INTERVALO INTRAJORNADA. REDUÇÃO POR NORMA COLETIVA. IMPOSSIBILIDADE. EFEITOS. Esta Corte já pacificou o entendimento de que a concessão do intervalo intrajornada é norma de ordem pública, que encerra conteúdo de proteção à segurança e à higidez física e mental do trabalhador, sendo insuscetível de redução ou supressão, ainda que por meio de acordo ou convenção coletiva de trabalho. A concessão parcial acarreta o pagamento do período total do intervalo, e não apenas do período suprimido, não persistindo mais dúvidas quanto à natureza salarial da parcela. Inteligência da

de cláusula de norma coletiva, como de estabilidade pré-aposentadoria em que o Poder Judiciário algumas vezes decidia por aplicar extensivamente o período de tempo em que foi negociada a proteção contra dispensa(21).

Não se pode discordar que exemplos como esses evidenciam a existência de um problema a ser resolvido quanto à atuação do Poder Judiciário ao decidir casos envolvendo normas coletivas e seus limites e/ou validade. A insegurança jurídica causada e o descrédito imposto às negociações coletivas impunham a ineficácia do direito constitucional ao reconhecimento das normas coletivas e ao papel do sindicato.

Segundo o relatório da comissão elaborado à época da votação da reforma trabalhista, as alterações do art. 8º da Consolidação das Leis do Trabalho tiveram por objetivo priorizar a aplicação da lei no direito do trabalho, com o objetivo de conter entendimentos variáveis conforme análise subjetiva do Poder Judiciário:

> Com a nova redação proposta para o art. 8º, queremos deixar evidente a supremacia da lei na aplicação do Direito do Trabalho, por mais paradoxo que possa parecer tal dispositivo, impedindo-se, dessa forma, a inversão da ordem de aplicação das normas. Essa prática tem dado margem a um aumento no número de ações ajuizadas perante a Justiça do Trabalho, pois é comum que o empregador, mesmo cumprindo toda a legislação e pagando todas as verbas trabalhistas devidas, se veja demandado em juízo com pedidos fundados apenas em jurisprudências e súmulas dos tribunais(22).

Além da prevalência da lei, as alterações significativas do art. 8º da Consolidação das Leis do Trabalho denotam o intuito do legislador em: (i) fomentar a aplicação de regras do direito civil às relações de trabalho; e (ii) priorizar a autonomia privada em detrimento de decisões judiciais. Isso é percebido, primeiramente, pela alteração imposta com a exclusão do

---

Súmula 437 do TST. Recurso de revista não conhecido. BRASIL. *Tribunal Superior do Trabalho*. RR-1566-82.2010.5.04.0232, 2ª Turma, Rel. Min. Delaide Miranda Arantes, Public. 19.12.2017.

(21) BRASIL. *Tribunal Superior do Trabalho*. Ag-AIRR-799-76.2018.5.09.0021, 6ª Turma, Rel. Min. Katia Magalhães Arruda, j. 01.07.2022.

(22) BRASIL, Câmara dos Deputados, 2017. Comissão Especial destinada a proferir parecer ao Projeto de Lei n. 6.787/2016, do Poder Executivo, que "altera o Decreto-Lei n. 5.452, de 1º de maio de 1943 — Consolidação das Leis do Trabalho — e a Lei n. 6.019, de 3 de janeiro de 1974, para dispor sobre eleições de representantes dos trabalhadores no local de trabalho e sobre trabalho temporário, e dá outras providências".

parágrafo único do art. 8º da Consolidação das Leis do Trabalho e a inclusão do seu § 1º: "Parágrafo único — O direito comum será fonte subsidiária do direito do trabalho, naquilo em que não for incompatível com os princípios fundamentais deste. § 1º. O direito comum será fonte subsidiária do direito do trabalho".

A aplicação do direito comum ao direito do trabalho, antes condicionada à lacuna da lei especializada e à sua compatibilidade com os princípios fundamentais do direito do trabalho, foi simplificada pelo legislador para depender somente da lacuna da lei, daí sua aplicação subsidiária. Sem enfrentar o mérito dessa previsão, se pertinente ou legítima, não se nega a intenção do legislador com essa alteração, na linha da previsão do § 3º do art. 8º da Consolidação das Leis do Trabalho, que faz referência expressa às regras de direito civil sobre o negócio jurídico.

Além disso, o § 2º do art. 8º da Consolidação das Leis do Trabalho deixa claro o intuito do legislador em priorizar a lei em detrimento de decisão judicial, em claro combate ao denominado "ativismo judicial":

> § 2º Súmulas e outros enunciados de jurisprudência editados pelo Tribunal Superior do Trabalho e pelos Tribunais Regionais do Trabalho não poderão restringir direitos legalmente previstos nem criar obrigações que não estejam previstas em lei.

A esse respeito, sem pretensão de se aprofundar nas controvérsias relativas ao tema, pertinentes as considerações de Luís Roberto Barroso sobre os cuidados com o denominado "ativismo judicial", que também importa à análise do art. 8º, § 3º, da Consolidação das Leis do Trabalho:

> O *ativismo judicial*, por sua vez, expressa uma postura do intérprete, um *modo proativo e expansivo de interpretar a Constituição*, potencializando o sentido e o alcance de suas normas, para ir além do legislador ordinário [...] Uma nota final: o ativismo judicial, até aqui, tem sido parte da solução e não do problema. Mas ele é um antibiótico poderoso, cujo uso deve ser eventual e controlado. Em dose excessiva, há risco de se morrer da cura (grifos do original)(23).

Na mesma toada dos § 1º e § 2º do art. 8º da Consolidação das Leis do Trabalho, seu § 3º impõe a intervenção mínima do Poder Judiciário na revisão das normas coletivas, indo ao encontro dos demais parágrafos do

---

(23) BARROSO, Luís Roberto. Ano do STF: judicialização, ativismo e legitimidade democrática. *Consultor Jurídico*. 2008. Disponível em: https://www.conjur.com.br/2008-dez-22/judicializacao_ativismo_legitimidade_democratica. Acesso em: 21 mar. 2022. p. 10-11.

artigo que privilegiam a autonomia da vontade e a prevalência da lei sobre decisões judiciais.

Maria Cristina Peduzzi interpreta as alterações do art. 8º da Consolidação das Leis do Trabalho como elementos necessários à estabilidade do sistema de direitos trabalhistas:

> Exatamente por isso, as alterações do art. 8º da Consolidação das Leis do Trabalho foram salutares e devem ser acolhidas pela jurisprudência como elemento de estabilização necessário à garantia do sistema de direitos trabalhistas. Ao impedir a edição de súmulas contrárias ao texto legal e impor a interpretação de normas coletivas de forma balizada pelo princípio da intervenção mínima na autonomia da vontade coletiva, a reforma buscou garantir a previsibilidade do ordenamento e a estruturação de um ambiente favorável ao crescimento econômico(24).

O objetivo da reforma referente ao "negociado sobre o legislado" também é encontrado em outros artigos da Consolidação das Leis do Trabalho, a exemplo dos arts. 611-A e 611-B, que indicam os direitos que podem ou não ser negociados. O legislador também endereçou temas claramente direcionados a conter o que vinha sendo decidido pelos tribunais trabalhistas na análise de normas coletivas, por exemplo: regras sobre jornada de trabalho não constituem matéria sobre saúde e segurança (art. 611-B, parágrafo único); inexistência de contrapartida expressa na norma não caracteriza vício do negócio jurídico, portanto, não constitui razão para nulidade da norma (611-A, § 2º, da CLT) e é possível negociar redução de salário, desde que garantida estabilidade aos empregados (611-A, § 3º, da CLT).

Mais adiante, neste estudo, serão aprofundadas as particularidades da autonomia privada coletiva nas relações coletivas de trabalho, sobre o que já decidiu o Supremo Tribunal Federal, em voto do Ministro Luís Roberto Barroso, lavrado nos autos do RE n. 590.415/SC, de 2015, ao decidir sobre a validade e os efeitos de planos de demissão coletiva negociados com o sindicato:

> [...] no âmbito do direito coletivo do trabalho não se verifica a mesma situação de assimetria de poder presente nas relações individuais de trabalho. Como consequência, a autonomia coletiva de vontade não se encontra sujeita aos mesmos limites que a autonomia individual.

---

(24) PEDUZZI, Maria Cristina Irigoyen. O art. 8º, §§ 2º e 3º, da Lei n. 13.467/2017: uma reação hermenêutica ao ativismo judicial? *Revista do Tribunal Superior do Trabalho*, São Paulo, v. 85, n. 1. p. 19-33, jan.-mar. 2019. Disponível em: https://juslaboris.tst.jus.br/handle/20.500.12178/157116. Acesso em: 22 nov. 2022.

A doutrina critica, contudo, as interpretações literal e gramatical do art. 8º, § 3º, da Consolidação das Leis do Trabalho, conforme observam Mauricio Godinho e Gabriela Neves:

> Evidentemente que não cabe a conclusão de que o novo preceito legal permitiu a instauração no País, por intermédio da negociação coletiva trabalhista, de uma ordem jurídica anômala, anti-humanista e antissocial, que faça da Constituição da República, das normas internacionais imperativas no Brasil e das normas federais também imperativas uma anômala tábula rasa em desfavor da pessoa humana que viva de seu trabalho empregatício na economia e na sociedade brasileira [...] esse respeito aos dispositivos celebrados pela negociação coletiva trabalhista não significa sufragar agressão frontal, por tais dispositivos — se houver –, ao patamar civilizatório mínimo fixado pela Constituição da República e pelas normas internacionais imperativas sobre direitos humanos econômicos, sociais e culturais, inclusive trabalhistas(25).

Nesse sentido, Luciano Martinez registra suas impressões:

> Reitere-se: "intervir minimamente" não significa "jamais intervir", mas interceder o mínimo possível e suficiente, e sempre no sentido de promover e proteger as potencialidades da liberdade sindical, especialmente a autonomia da vontade coletiva dos entes sindicais, garantindo-se os direitos mínimos já conquistados e, por isso, absolutamente infensos à negociação. Como já se disse alhures, ao tratar do princípio da interveniência mínima na autonomia da vontade coletiva: "intervir minimamente" não significa que o magistrado, uma vez chamado a corrigir iniquidades, as admita e foque o seu controle unicamente nos requisitos formais. Cabe-lhe, até mesmo no âmbito da verificação da "conformidade dos elementos essenciais do negócio jurídico" — e no amplo espectro de sindicabilidade admitido pelo próprio art. 104 do Código Civil —, declarar a invalidade de toda cláusula cujo objeto seja ilícito ou juridicamente impossível(26).

Mauricio Godinho Delgado e Gabriela Neves explicam que o art. 8º, § 3º, da Consolidação das Leis do Trabalho deve ser lido e interpretado no sentido

---

(25) DELGADO, Mauricio Godinho; NEVES, Gabriela. *A reforma trabalhista no Brasil*. São Paulo: LTr, 2017. p. 107.

(26) MARTINEZ, Luciano. *Curso de direito do trabalho*. São Paulo: Saraiva, 2020. Disponível em: https://integrada.minhabiblioteca.com.br/#/books/9788553618408/. Acesso em: 6 jan. 2022. p. 1.038.

de que a Justiça do Trabalho, ao decidir sobre casos envolvendo normas coletivas, deve considerar o "papel regulador complementar à ordem jurídica heterônoma estatal"[(27)], que é desempenhado pelas negociações coletivas trabalhistas, respeitando seus dispositivos de maneira geral. O autor esclarece, porém, que tal respeito às previsões das normas coletivas é limitado pelas normas internacionais imperativas de direitos humanos, sociais e culturais, além do já conhecido conceito de patamar civilizatório mínimo fixado pela Constituição Federal de 1988 e pelas normas legais imperativas de proteção às condições de trabalho.

Para Mauricio Godinho Delgado, uma das formas de se garantir o respeito às normas constitucionais quando da análise das normas coletivas é garantir que as cláusulas de flexibilização trabalhista sejam acompanhadas de cláusulas compensatórias, que em alguma medida preservem o padrão de proteção lá previsto, citando como fundamento o art. 7º, VI, XIII e XIV, que, para o autor, indicam a preocupação do legislador constituinte em flexibilizar por meio de negociação e não por meio de mera renúncia.

O fundamento do autor, contudo, é contrário à previsão do art. 611-A, § 2º, da Consolidação das Leis do Trabalho, também inserido pela reforma trabalhista, determinando que a inexistência de concessões recíprocas não invalida a norma coletiva por não se tratar de vício do negócio jurídico. Para Mauricio Godinho Delgado e Gabriela Neves[(28)], essa previsão da Consolidação das Leis do Trabalho configura desrespeito ao padrão constitucional.

Observam-se, portanto, duas preocupações que demandam esforços para serem compatíveis. De um lado, a cautela de não se afastar da análise do Poder Judiciário as normas coletivas que potencialmente violem direitos fundamentais trabalhistas ou a ordem constitucional, sob pena de se reduzir as conquistas até então alcançadas em termos de direitos trabalhistas e de permitir que critérios mínimos de dignidade do trabalhador sejam violados. De outro, há preocupação com a insegurança jurídica causada pelo subjetivismo das decisões judiciais que analisam normas coletivas e as excluem do ordenamento jurídico com base em cláusulas abertas, que permitem uma infinidade de interpretações, como o "patamar mínimo civilizatório" e a "dignidade humana".

A atuação dos sindicatos no período pós-reforma trabalhista de 2017 e o novo papel deles no contexto das relações de trabalho dependerão

---

(27) DELGADO, Mauricio Godinho; NEVES, Gabriela. *A reforma trabalhista no Brasil*. São Paulo: LTr, 2017. p. 108.

(28) DELGADO, Mauricio Godinho; NEVES, Gabriela. *A reforma trabalhista no Brasil*. São Paulo: LTr, 2017. p. 280.

profundamente da relevância jurídica atribuída às normas coletivas. Situações extremas podem levar ao esvaziamento completo da atuação sindical ou, de outro lado, à supervalorização da negociação coletiva com violação de direitos fundamentais.

Por isso, o estudo do § 3º do art. 8º da Consolidação das Leis do Trabalho é relevante na medida em que se ocupa de definir o quanto o Poder Judiciário poderá, ou não, intervir na autonomia de vontade coletiva, sempre considerando a necessária e almejada conformidade e respeito aos direitos fundamentais e sua eficácia horizontal(29). É certo que os limites da atuação do Poder Judiciário impactam significativamente o nível de relevância das normas coletivas e, consequentemente, no fomento, ou desestímulo, à negociação coletiva.

Encontramos na doutrina análises que demonstram dificuldade de se interpretar o art. 8º, § 3º, da Consolidação das Leis do Trabalho e aplicá-lo a situações costumeiramente enfrentadas na Justiça do Trabalho, por exemplo:

> A ideia do artigo 8º, parágrafo 3º, é maior dedicação à análise da forma — requisitos formais empregados na celebração do convênio coletivo — do que ao conteúdo — respeitando-se a autonomia dos particulares e mitigando-se os juízes de valor sobre a carga das cláusulas normativas. No entanto, essa distinção é mais fácil de se enunciar do que de se praticar, dada a tênue linha que separa autonomia privada do desvirtuamento da legislação social, como o art. 9º continua a nos fazer lembrar(30).
>
> A flexibilização é possível e necessária, desde que as normas por ela estabelecidas através da convenção ou acordo coletivo como previsto na Constituição, ou na forma que a lei determinar, sejam analisadas sobre duplo aspecto: respeito à dignidade do ser humano que trabalha para a manutenção do emprego e redução de direitos apenas em casos de comprovada necessidade econômica, quando destinada à sobrevivência da empresa. Não alcançado este objetivo mínimo, conquistado arduamente ao longo da história pelo trabalhador, o acordo ou a convenção coletiva deverão ser considerados inconstitucionais, uma vez que valores maiores são aqueles protegidos pelos direitos fundamentais, afinal, os princípios norteiam a aplicação do direito(31).

---

(29) SABINO, João Filipe Moreira Lacerda. Os direitos fundamentais nas relações de trabalho. *In*: PIOVESAN, Flávia; CARVALHO, Luciana Paula Vaz (coord.). *Direitos humanos e direito do trabalho*. São Paulo: Atlas, 2010. p. 66.

(30) SILVA, Homero Batista Mateus. *CLT comentada*. 2. ed. São Paulo: RT, 2018. p. 59.

(31) CASSAR, Vólia Bomfim. *Direito do trabalho*. 9. ed. Rio de Janeiro: Forense; São Paulo: Método, 2014. p. 43.

A jurisprudência sobre a aplicação e a interpretação do art. 8º, § 3º, da Consolidação das Leis do Trabalho ainda está em construção. Por exemplo, há decisão do TST afastando o princípio da intervenção mínima para decidir sobre cláusula de norma coletiva que prevê pagamento de Participação nos Lucros e Resultados baseado exclusivamente no resultado individual do empregado. O entendimento adotado foi de que a decisão judicial que reenquadra o pagamento feito a título de PLR como comissão com reflexos não afronta o art. 8º, § 3º, da Consolidação das Leis do Trabalho porque não se declara a invalidade da norma — apenas deixa de aplicá-la[32].

Nesse caso, porém, entende-se que há, sim, afronta à previsão do art. 8º, § 3º, da Consolidação das Leis do Trabalho, pois deixar de aplicar norma coletiva ajustada nos termos do art. 104 do Código Civil de 2002 constitui ofensa à autonomia da vontade coletiva tanto quanto a decisão judicial que invalida a norma coletiva. Portanto, nesse caso, há clara negativa de vigência à previsão do art. 8º, § 3º, da Consolidação das Leis do Trabalho.

Outro caso que merece análise é a decisão do Tribunal Regional do Trabalho da 2ª Região que, na vigência da reforma trabalhista, deliberou sobre cláusula da convenção coletiva dos bancários de São Paulo. Segundo a convenção, em caso de decisão judicial que afaste o enquadramento de determinado empregado bancário na exceção prevista no § 2º do art. 224 da Consolidação das Leis do Trabalho, que tenha recebido gratificação de função (contrapartida pelo trabalho prestado além da 6ª hora diária), o valor da condenação relativo às horas extras terá a dedução do valor de gratificação de função já pago.

> O TRT da 2ª Região já decidiu pela validade dessa cláusula, reconhecendo o princípio da autonomia privada coletiva e o princípio da intervenção mínima do Poder Judiciário na vontade das partes e adotando como principal fundamento o atendimento aos requisitos do art. 104 do CC, não cabendo ao Poder Judiciário intervir "no núcleo essencial" do negócio jurídico, que está afeto apenas à autonomia da vontade dos entes coletivos[33] [34].

---

(32) BRASIL. *Tribunal Superior do Trabalho*. ED-RRAg-1000641-43.2016.5.02.0708, 8ª Turma, Rel. Min. Delaide Alves Miranda Arantes, Public. 13.06.2022.

(33) BRASIL. *Tribunal Regional do Trabalho da 2ª Região*. Processo: 1000945-69.2021.5.02.0028, 16ª Turma, Cadeira 5, Rel. Orlando Apuene Bertão, j. 07.10.2022.

(34) BRASIL. *Tribunal Regional do Trabalho da 2ª Região*. ARE 1.121.633. Processo: 1000829-90.2020.5.02.0386, 17ª Turma, Cadeira 2, Rel. Maria de Lourdes Antonio, j. 22.09.2022. No mesmo sentido: Processo n. 1000363-60.2021.5.02.0031 (ROT), Recorrente: M. A. S. S. E B. B. S. Recorridos: M. A. S. S. E B. B. S., Origem: 31ª Vara do Trabalho de São Paulo, Rel. Jane Granzoto Torres da Silva, juíza prolatora da sentença: Solange Aparecida Gallo Bisi.

O tema da cota de portadores de necessidades especiais também já foi objeto de negociação coletiva, em que as partes convencionam quais cargos devem ou não integrar a base de cálculo da cota. O atual entendimento do Tribunal Superior do Trabalho é de que o tema não deve ser objeto de negociação coletiva[(35)].

Ao analisar os fundamentos do acórdão, nota-se que o entendimento do TST foi baseado, principalmente, no seguinte:

1. **As previsões legais sobre contratação de portadores de necessidades especiais não autorizam a exclusão de algumas atividades, como pretendido pelas partes na negociação coletiva.**

   Tal fundamento, porém, parece contrariar conceitualmente o propósito do "negociado sobre o legislado". Afinal, se fosse para a negociação coletiva atuar exclusivamente nos termos do que é autorizado pela lei, não haveria "negociado sobre legislado".

2. **O art. 611-B, XXII, da** Consolidação das Leis do Trabalho **proíbe que a norma coletiva negocie direito relativo à proibição de qualquer discriminação no tocante a salário e critérios de admissão do trabalhador com deficiência.**

   De fato, é possível enquadrar o objeto da norma coletiva como objeto ilícito, nos termos do artigo citado, pois, ainda que indiretamente, a previsão da norma coletiva diminui o alcance da norma que visa à inclusão dos portadores de necessidades especiais.

3. **A norma coletiva que exclui algumas profissões da base de cálculo da cota de portadores de necessidades especiais envolve direito difuso (direito indivisível, ao qual são ligadas pessoas indeterminadas) e não direito coletivo.**

   Neste aspecto, concordamos com o fundamento do acórdão, pois a negociação coletiva alcançaria direito que pertence a pessoas não representadas naquela negociação, qual seja, todos os portadores de necessidades especiais e não somente os trabalhadores representados pelo sindicato naquela negociação.

4. **Nessa condição, constata-se que a cláusula não atende aos requisitos de validade estabelecidos no art. 104 do** Código Civil de 2002, notadamente quanto à falta da capacidade dos agentes convenentes,

(35) BRASIL. *Tribunal Superior do Trabalho*, ROT: 10139-07.2020.5.03.0000. Rel. Katia Magalhães Arruda. Seção Especializada em Dissídios Coletivos, j. 16.08.2021, Public. 30.08.2021.

> para consentir e dar função à regra, cujo objeto, repita-se, ultrapassa os interesses coletivos das categorias representadas, avançando sobre interesses de caráter difuso, não passíveis de negociação coletiva.
>
> 5. A vontade dos seres coletivos, manifestada mediante acordo ou convenção coletiva de trabalho, encontra limite nas normas heterônomas de ordem cogente, que tratam de direitos absolutamente indisponíveis. No caso, constatou-se que o ordenamento estatal não estabeleceu qualquer ressalva ou exceção de cargos ou atividades para a base de cálculo da obrigação. Ou seja, os dispositivos normativos estatais não fazem nenhuma menção à exclusão de determinados cargos/atividades na aplicação do percentual, para o preenchimento dos cargos das empresas com os beneficiários reabilitados ou as pessoas com deficiência Neste aspecto, exceto pelo fundamento de que não há menção na lei sobre a exclusão de cargos e atividades da cota — o que já foi dito acima que não se enquadra no conceito de negociado sobre legislado — entende-se que os fundamentos do acórdão estão de acordo com o proposto pelo art. 8º, § 3º, da Consolidação das Leis do Trabalho, pois há ofensa ao art. 611-B, caracterizando objeto ilícito da negociação, nos termos do art. 104 do Código Civil de 2002.

No mesmo sentido é a decisão do Ministro Alexandre Agra Belmonte sobre cláusula de norma coletiva que prevê o cálculo da cota de portadores de deficiência com base apenas no número de trabalhadores da área administrativa de empresa prestadora de serviços de limpeza e conservação[36].

Enoque Ribeiro dos Santos defende a preponderância da negociação coletiva em relação à prestação jurisdicional como forma de se aperfeiçoar o processo de negociação coletiva e o sistema sindical, sempre buscando, como objetivo maior, aperfeiçoar a democracia:

> Se a democracia se aprende na prática, por meio de tentativas, erros e acertos, freios e contrapesos, já é chegada a hora de parar de tratar os atores sociais como relativamente incapazes e totalmente dependentes e subservientes do Estado. É necessário aperfeiçoamento do direito coletivo do trabalho no Brasil, com adoção de técnicas e princípios modernizadores, em consonância com o direito laboral estrangeiro, preservando, obviamente, nossa experiência histórica e cultural, mas

(36) BRASIL. *Tribunal Superior do Trabalho*. ROT-80465-78.2020.5.07.0000, Seção Especializada em Dissídios Coletivos, Rel. Min. Alexandre de Souza Agra Belmonte, Public 21.10.2022.

com prevalência da ampla liberdade sindical e do pluralismo sindical, jurídico e político[37].

Nessa linha, convém recorrer à *Teoria do Agir Comunicativo*, de Jürgen Habermas[38], segundo a qual a universalidade das normas se alcança por meio da ética do discurso, entendida como o diálogo efetivo entre os participantes que serão afetados por dada norma. Esse diálogo deve resultar em um consenso, para que, então, a universalidade e a sujeição pacífica de todos àquela norma sejam possíveis.

Segundo a teoria de Jürgen Habermas, o desejado consenso, para alcançar a universalidade, não diz respeito a concessões recíprocas entre interesses divergentes. Trata-se, por meio de um discurso ético, de identificar o melhor interesse amplo para todos, não de forma individualizada nem exclusiva de uma das partes, mas mediante uma análise mais complexa, que envolve empatia, justiça e solidariedade, e propõe a análise do argumento sob perspectivas coletivas e não individuais. As discussões buscam o melhor argumento para identificar o interesse generalizante, ao contrário de se acomodar interesses antagônicos, concedendo ora o interesse de um lado, ora do outro. Nesse aspecto, a universalidade defendida pelo filósofo como necessária para que as normas sejam aceitas e cumpridas pelos participantes seria alcançável de forma mais realista e eficiente em um cenário de negociação coletiva e não em um cenário de normas puramente estatais, seja por meio do Poder Legislativo ou do Poder Judiciário.

Um dos objetivos do presente estudo é dissociar a interpretação do art. 8º, § 3º, da Consolidação das Leis do Trabalho, da conclusão de que se trata de norma destinada a reduzir ou violar direitos dos trabalhadores. Esta não parece ser a melhor abordagem do assunto. Na verdade, referida previsão legal tem o propósito de valorizar a autonomia privada coletiva, fazendo-a prevalecer de maneira a evitar a revisão e a alteração de normas coletivas pelo Poder Judiciário em todos os casos, com base em critérios totalmente subjetivos.

Essa previsão não gera, necessariamente, uma redução de direitos trabalhistas. A autonomia privada coletiva é que será responsável por decidir o conteúdo das normas coletivas. Assim como é possível existir norma coletiva prevendo a redução do intervalo para refeição e descanso para 30 minutos,

---

(37) SANTOS, Enoque Ribeiro dos. *Negociação coletiva de trabalho*. 3. ed. São Paulo: Grupo GEN, 2018. p. 168.

(38) HABERMAS, Jürgen. *Comentários à ética do discurso*. Lisboa, Portugal: Instituto Piaget, 1991.

também é possível existir norma coletiva determinando que o banco de horas, mesmo para compensação por 6 meses, somente pode ser ajustado por meio de norma coletiva e não por ajuste individual, porque a vontade das partes é não permitir a aplicação da autorização do art. 59, § 5º, da Consolidação das Leis do Trabalho, àquela determinada categoria. E o Poder Judiciário, nos termos do art. 8º, § 3º, da Consolidação das Leis do Trabalho, se cumpridos todos os demais requisitos de validade da norma coletiva, não poderá simplesmente anulá-la.

A solução para compatibilizar os dispositivos citados com os direitos fundamentais não se alcança de forma simples, nem com a mera preservação exclusivamente dos direitos do rol do art. 611-B da Consolidação das Leis do Trabalho, muitas vezes definido como rol de direitos indisponíveis. Por isso, a necessidade do estudo aprofundado do alcance do art. 8º, § 3º, da Consolidação das Leis do Trabalho.

3. VALIDADE DO NEGÓCIO JURÍDICO NO CÓDIGO CIVIL — OBJETO LÍCITO

O art. 8º, § 3º, da Consolidação das Leis do Trabalho, equipara as normas coletivas, para fins de requisitos de validade, ao negócio jurídico regulado pelo Código Civil de 2002, art. 104. Neste capítulo, busca-se aprofundar o elemento "objeto lícito" do art. 104 do Código Civil de 2002, uma vez que ele causa maior controvérsia quanto aos limites materiais da norma coletiva.

O art. 611-A da Consolidação das Leis do Trabalho determina as matérias sobre as quais as normas coletivas têm prevalência sobre a lei, deixando claro que se trata de rol exemplificativo e não taxativo ("dentre outros"). O art. 611-B, por sua vez, indica as matérias objeto ilícito de convenção e de acordo coletivo e que, portanto, estariam em contrariedade ao art. 104 do Código Civil de 2002, podendo haver intervenção do Poder Judiciário, quando provocado, para declarar a nulidade do negócio jurídico.

O art. 611-B da Consolidação das Leis do Trabalho indica que seu rol contém os direitos que, exclusivamente, constituem objeto ilícito. A análise que se pretende fazer por meio deste estudo consiste na avaliação de compatibilizar a aplicação do art. 611-B da Consolidação das Leis do Trabalho com o art. 8º, § 3º, da Consolidação das Leis do Trabalho, e com os direitos trabalhistas fundamentais. Afinal, se identificada pelo Poder Judiciário a existência de objeto de norma coletiva em contrariedade a direitos fundamentais, que não se enquadra, porém, em nenhum daqueles indicados pelo art. 611-B, é importante avaliar se poderia ou não haver atuação do Poder Judiciário, com base nos arts. 8º, § 3º, da Consolidação das Leis do Trabalho e 104 do Código Civil de 2002.

Nesse contexto, a referência feita pelo art. 8º, § 3º, da Consolidação das Leis do Trabalho, ao art. 104 do Código Civil de 2002 requer do intérprete e aplicador do direito a avaliação desse artigo em conjunto com o art. 611-B da Consolidação das Leis do Trabalho.

Sob a ótica do Código Civil de 2002, não é pertinente a análise de "objeto lícito" partir da definição, por exclusão, do rol do art. 611-B do que pode ou não ser negociado em determinada norma coletiva. Isso porque, o objeto ilícito é aquele que contraria lei, ordem pública e bons costumes. São conceitos não só amplos e avessos à taxatividade, mas também variáveis e elásticos a depender da evolução da ordem jurídica e dos valores tutelados e protegidos em determinado momento pela sociedade.

A doutrina civilista indica os parâmetros para se analisar objeto lícito, os quais são fundamentais para compatibilizar a aplicação do art. 8º, § 3º, da Consolidação das Leis do Trabalho, com o art. 611-B da Consolidação das Leis do Trabalho e o art. 104 do Código Civil de 2002:

> Para que o negócio jurídico se repute perfeito e válido deverá versar sobre objeto lícito, ou seja, conforme a lei, não sendo contrário aos bons costumes, à ordem pública e à moral. Se ilícito o seu objeto, nulo será o negócio jurídico (CC, art. 166, II)(39).
>
> Objeto lícito é o que não atenta contra a lei, a moral ou os bons costumes. Objeto jurídico, objeto imediato ou conteúdo do negócio é sempre uma conduta humana e se denomina prestação: dar, fazer ou não fazer. Objeto material ou mediato são os bens ou prestações sobre os quais incide a relação jurídica obrigacional. Quando o objeto jurídico do contrato é imoral, os tribunais por vezes aplicam o princípio de direito de que ninguém pode valer-se da própria torpeza (*nemo auditur propriam turpitudiem allegans*). Ou então a parêmia *in pari causa turpitudinis cessat* repetitivo, segundo a qual se ambas as partes, no contrato, agiram com torpeza, não pode qualquer delas pedir devolução da importância que pagou. Tais princípios são aplicados pelo legislador, por exemplo, no art. 150 do Código Civil, que reprime o dolo ou torpeza bilateral, e no art. 883, que nega direito à repetição do pagamento feito para obter fim ilícito, imoral ou proibido por lei. Impedem eles que as pessoas participantes de um contrato imoral sejam ouvidas em juízo. Fora dessas hipóteses, e de outras expressamente previstas na lei, prevalece o disposto no art. 182: anulado o negócio jurídico restituir-se-ão as partes ao estado em que antes dele se achavam. Esta não deve ser a solução,

(39) DINIZ, Maria Helena. *Curso de direito civil brasileiro* — teoria geral do direito civil. 24. ed. São Paulo: Saraiva, 2007. p. 440.

todavia, se se mostrar, no caso concreto, manifestamente injusta e contrária ao interesse social[40].

Portanto, se determinado direito negociado em norma coletiva estiver taxativamente indicado no rol do art. 611-B, o objeto da norma coletiva é ilícito por contrariar lei imperativa. Mas, a interpretação a *contrario senso* não é verdadeira, pois pode haver negociação sobre matéria não indicada no art. 611-B e que, de todo modo, ofende a ordem pública ou os bons costumes, enquadrando-se no conceito de objeto ilícito do art. 104 do Código Civil de 2002, o qual foi escolhido pelo legislador para orientar e limitar a atuação do Poder Judiciário ao rever e julgar normas coletivas nos termos do art. 8º, § 3º, da Consolidação das Leis do Trabalho:

> O objeto será lícito, consoante entendimento comum, **quando não contrariar lei imperativa, a ordem pública ou os bons costumes** [...] A lei imperativa é aquela cuja aplicação não pode ser afastada pela vontade das partes. Distingue-se da simplesmente dispositiva, que visa a suprir a omissão dos interessados, subordinando-se sua incidência, por conseguinte, a que esses não hajam previsto regulamentação diversa.
>
> **Por ordem pública se há de entender aquilo que se tem como necessário à manutenção da vida social, considerando-se os princípios consagrados no ordenamento. Tais exigências estarão explicitadas, ou não, em concretas disposições de lei.** Se o estiverem, constituirão normas legais de ordem pública, que constituem uma parte das leis imperativas. Essas normas podem, entretanto, resultar dos valores fundamentais acolhidos pelo sistema jurídico e sua inobservância fará ilícito o objeto do negócio, mesmo à míngua de determinação explícita.
>
> **O que se deva considerar como bons costumes é algo a depender do tempo e lugar. A lei para isso não oferece parâmetros, nem seria recomendável ou mesmo possível que o fizesse. No dizer de Vicente Ráo, entende-se por 'bons costumes o modo constante e comum de se proceder de acordo com os ditames da moral social, segundo cada povo a concebe'** (grifos nossos)[41].

Dessa forma, nota-se que a própria doutrina civilista, ao aprofundar o conceito de "objeto lícito", não se limita àqueles conteúdos que contrariam a lei imperativa. Ao contrário, a doutrina o interpreta como verdadeira cláusula

(40) GONÇALVES, Carlos Roberto. *Direito civil brasileiro* — parte geral. São Paulo: Saraiva, 2012. p. 360-361.

(41) OLIVEIRA, Eduardo Ribeiro de. *Comentários ao Novo Código Civil*. v. 2. São Paulo: Forense, 2008. p. 199-201.

aberta, a requerer que o conteúdo do contrato esteja em conformidade com a ordem pública e os bons costumes, conceitos amplos e variáveis conforme tempo, circunstâncias e espaço.

Sobre a revisão judicial dos contratos, quando avaliada sob a ótica do direito civil, o CC/1916 não a autorizava; porém, a jurisprudência passou a admiti-la, invocando a cláusula *rebus sic stantibus*(42).

O art. 6º, V, do CDC, desde 1990 trouxe a seguinte possibilidade: "a modificação das cláusulas contratuais que estabeleçam prestações desproporcionais ou sua revisão em razão de fatos supervenientes que as tornem excessivamente onerosas".

Em princípio, poderia ser dito que o art. 6º do Código de Defesa do Consumidor se aplicaria à revisão judicial de normas coletivas pela Justiça do Trabalho, permitindo que o juiz anulasse cláusulas abusivas ou consideradas, em cada caso, desproporcionais. Afinal, tanto o consumidor quanto o empregado têm em comum a hipossuficiência em relação ao fornecedor ou empregador.

Contudo, dois argumentos são capazes de evitar essa interpretação. O primeiro deles é que o Código de Defesa do Consumidor seria aplicável à esfera trabalhista de forma subsidiária (art. 8º, § 1º, da Consolidação das Leis do Trabalho), mas, para tanto, seria necessária lacuna na legislação trabalhista, o que não é o caso, em razão da previsão clara do art. 8º, § 3º, da Consolidação das Leis do Trabalho, fazendo referência ao art. 104 do Código Civil de 2002, mas não ao art. 6º do Código de Defesa do Consumidor. Além disso, a hipossuficiência que justificaria a aplicação subsidiária do Código de Defesa do Consumidor às relações trabalhistas está, a rigor, afastada quando se trata de relações coletivas, uma vez que o sindicato, como ser coletivo, representando os trabalhadores, equipara-se, em certa medida, à figura do empregador, impondo a igualdade necessária às partes para negociar o contrato.

Para os contratos bilaterais, o Código Civil de 2002 reservou o direito de revisão judicial para extinguir o contrato no caso de as cláusulas se tornarem excessivamente onerosas, com extrema vantagem para outra ou em decorrência de fatos imprevisíveis ou extraordinários, conforme art. 478 do Código Civil de 2002. Porém, o legislador aqui parece tratar somente de fatos ou circunstâncias supervenientes à execução do contrato, o que também não auxilia na interpretação do art. 8º, § 3º, da Consolidação das Leis do Trabalho.

---

(42) ANDERSON, Schreiber. *Direito civil e Constituição*. São Paulo. Grupo GEN, 2013. Disponível em: https://integrada.minhabiblioteca.com.br/#/books/9788522477210/. Acesso em: 04 jan. 2022. p. 145.

A Lei de Liberdade Econômica, por sua vez, alterou a redação do art. 421 do CC/2002 para constar o mesmo princípio da "intervenção mínima" indicado no art. 8º, § 3º, da Consolidação das Leis do Trabalho: "Parágrafo único. Nas relações contratuais privadas, prevalecerão o princípio da intervenção mínima e a excepcionalidade da revisão contratual".

Sobre essa nova previsão legislativa, interpreta-se que o legislador pretendeu compatibilizar a eficácia horizontal dos direitos fundamentais nas relações privadas com a autonomia privada das partes:

> O legislador parte da premissa de que a eficácia horizontal de direitos fundamentais nas relações privadas somente se justificará como contenção do âmbito de liberdade dos contratantes quando presente uma assimetria substancial entre as partes, apenas verificada nas relações de consumo, porém inexistente nos pactos estabelecidos entre os quase-iguais (contratos civis) e os iguais (contratos empresariais). Ou seja, quando não se identifica em um dos polos da relação contratual a figura do consumidor — destinatário final de um produto ou serviço –, há de se prestigiar a liberdade contratual, a intangibilidade do pactuado e a relatividade do conteúdo negocial (infenso a terceiros), com espaço reduzido para as emanações do princípio constitucional da solidariedade, quais sejam: incidência da boa-fé objetiva, função social do contrato e equilíbrio contratual[(43)].

Nesse sentido, nota-se que a "intervenção mínima" do Poder Judiciário (e dos Poderes Legislativo e Executivo, no caso do artigo acima) não é matéria afeta exclusivamente às normas coletivas, mas também permeia o Código Civil de 2002, que trata a revisão contratual como matéria excepcional (a esse respeito, também o art. 421-A, III, do Código Civil de 2002).

De todo modo, a doutrina civilista segue uniforme no sentido de que o objeto lícito do art. 104 do Código Civil de 2002 não se limita ao objeto não proibido pela lei. Seu alcance é mais amplo e mais subjetivo. O objeto lícito deve observar também os bons costumes, a ordem pública e a moral. A ordem pública alude a princípios e valores, como cláusulas abertas e que dependem de interpretação judicial para sua aplicação.

Logo, mesmo partindo-se da redação exclusiva do art. 8º, § 3º, da Consolidação das Leis do Trabalho, combinada com a previsão do art. 104 do Código Civil de 2002, não se chega à conclusão de que o objeto da norma coletiva será lícito desde que não seja vedado pelo art. 611-A da Consolidação das Leis do Trabalho.

---

(43) PELUSO, Cezar. *Código Civil comentado*: doutrina e jurisprudência. 15. ed. Barueri/SP: Manole, 2021, s.p.

4. VALIDADE DO NEGÓCIO JURÍDICO NO CÓDIGO CIVIL — FORMA

Além do objeto lícito, o art. 104 do Código Civil de 2002 prevê a necessária observância à forma prescrita ou não defesa em lei pelos negócios jurídicos. A maioria dos contratos não depende de prova, como prevê o art. 107 do Código Civil de 2002.

Segundo Cezar Peluso,

> A forma, na verdade, conquanto inserida entre os requisitos de validade, só é exigível quando a lei a estabelecer (art. 107), dizendo Caio Mário da Silva Pereira: "Exprime-se o princípio hoje vigente, afirmando-se a liberdade da manifestação da vontade, o qual só excepcionalmente é postergado, e, então, quando a lei exige a sujeição a determinada forma, as partes não têm o direito de convencionar forma diversa"(44).

Maria Helena Diniz(45) recorre à definição de Clóvis Beviláqua sobre a forma do contrato, qual seja, o "conjunto de solenidades que se devem observar para que a declaração de vontade tenha eficácia jurídica".

Neste aspecto, no âmbito das negociações coletivas, as normas coletivas se traduzem como negócios jurídicos solenes visto que, desde muito antes da reforma trabalhista, a lei já previa os requisitos formais das convenções e dos acordos coletivos, nos termos do art. 613 da Consolidação das Leis do Trabalho.

---

(44) PELUSO, Cezar. *Código Civil comentado*: doutrina e jurisprudência. 16. ed. São Paulo: Manole, 2022. p. 87.

(45) DINIZ, Maria Helena. *Curso de direito civil brasileiro*. São Paulo: Saraiva, 2021. p. 38.

De modo geral, as normas coletivas devem ser celebradas por escrito, sem rasuras nem emendas e devem conter: 1) designação dos sindicatos convenentes ou dos sindicatos e empresas acordantes; 2) prazo de vigência (máximo de 2 anos); 3) categorias ou classes de trabalhadores abrangidas pela norma coletiva; 4) condições ajustadas para reger as relações de trabalho, durante a sua vigência; 5) normas para resolver divergências entre as partes sobre a aplicação dos dispositivos da norma coletiva; 6) processo para prorrogação e revisão total ou parcial da norma coletiva; 7) direitos e deveres dos empregados e das empresas; 8) penalidades para os sindicatos, empresas e empregados em caso de violação da norma coletiva.

Para além do art. 613 da Consolidação das Leis do Trabalho, há outras solenidades impostas pela lei para que a norma coletiva seja válida: 1) deve haver assembleia convocada especialmente para discussão sobre a norma coletiva, conforme a previsão do Estatuto do sindicato; 2) os quóruns de comparecimento e de aprovação devem ser respeitados (2/3 dos associados da entidade para convenção coletiva e 2/3 dos interessados para acordo coletivo, em primeira convocação. Em segunda convocação, o quórum é de 1/3); 3) dentro de 8 dias da assinatura da norma coletiva, o documento escrito deve ser depositado perante o Ministério do Trabalho (as normas coletivas somente entram em vigor 3 (três) dias após o depósito); 4) no prazo de 5 dias após o depósito da norma coletiva, os documentos devem ser divulgados pelos sindicatos e pelas empresas aos empregados envolvidos.

Ao tratar do requisito forma nas normas coletivas, a Seção de Dissídio Coletivo do Tribunal Regional do Trabalho da 2ª Região julgou a validade de cláusula de norma coletiva que previu a renovação automática de cláusulas de benefícios até que novo acordo fosse pactuado(46).

O caso versava sobre a obrigação, ou não, da empresa continuar a conceder vale-refeição/alimentação aos empregados após o término da vigência da norma coletiva (1 ano), mas antes que novo acordo sobre o tema viesse a ser pactuado.

> Segundo o voto que prevaleceu no julgamento pela SDC, a cláusula é válida, pois não há vedação no art. 611-B para tal ajuste e o Poder Judiciário deve intervir minimamente na análise de normas coletivas, devendo prevalecer a vontade das partes. Portanto, se a norma coletiva garante as condições de trabalho até que sobrevenha nova negociação

---

(46) BRASIL. *Tribunal Regional do Trabalho da 2ª Região*. Processo: 1000181-70.2021.5.02.0000, SDC, Cadeira 10, Seção Especializada em Dissídio Coletivo, Rel. Celso Ricardo Peel Furtado de Oliveira, j. 23.08.2021.

coletiva, não deve o Poder Judiciário interferir em tal ajuste, pois não houve violação do rol do artigo 611-A, nem de norma jurídica constitucional nem prevista em Tratados de Direitos Humanos, incluindo Convenção da Organização Internacional do Trabalho.

No entanto, apesar dos fundamentos do acórdão mencionado e transcrito, entende-se que a norma coletiva que acaba por ter vigência superior a dois anos, em razão da cláusula de renovação automática acima transcrita com vigência indeterminada até que haja nova norma coletiva sobre o tema, viola o art. 104 do Código Civil de 2002 e, por isso, autorizaria a intervenção do Poder Judiciário, conforme se explica a seguir.

O prazo de vigência da norma coletiva é de 2 anos (art. 614, § 3º, da Consolidação das Leis do Trabalho). Trata-se de um dos requisitos da forma, a qual constitui requisito de validade do negócio jurídico, nos termos do art. 104, II, do Código Civil de 2002, referido pelo art. 8º, § 3º, da Consolidação das Leis do Trabalho. Então, não se trata de, como fundamentado no acórdão do caso acima, mitigar-se a interpretação do art. 614, § 3º, da Consolidação das Leis do Trabalho, com base no princípio da intervenção mínima. Ao contrário, a própria aplicação do art. 8º, § 3º, da Consolidação das Leis do Trabalho prevê que o Poder Judiciário deverá intervir quando a norma coletiva não observar os requisitos de validade do negócio jurídico, dentre eles, a forma, que inclui o prazo de vigência.

De outro lado, nem a lei civil nem a trabalhista tratam do preâmbulo do contrato, também conhecido como "exposição de motivos" ou "considerandos". Contudo, a doutrina já destaca a sua importância e o tema apresenta relevância quando da análise das normas coletivas pelo Poder Judiciário.

Segundo José Cretella Neto,

> A descrição de determinada situação fática no Preâmbulo, pode, se se revelar inexata, contribuir grandemente para fazer prova de erro, sobretudo se esse erro estiver ligado à substância do ato. **Também será possível anular um contrato se os motivos que levaram às partes à contratação se mostrarem distanciados da realidade, e que uma das partes não teria aceitado contratar se conhecesse essa realidade, e esses motivos constarem do Preâmbulo**. O mesmo se pode afirmar, *mutatis mutandis*, acerca de omissões no Preâmbulo, desde que relevantes para a conclusão do contrato. O Preâmbulo também pode ser utilizado em sentido contrário, isto é, com base nas declarações das partes, provar que ambas foram levadas a contratar de boa-fé,

plenamente informadas sobre as circunstâncias de fato, assim evitando que se acolha pedido de anulação do contrato(47).

Ao tratar do diálogo das fontes, Flávio Tartuce esclarece a importância de se valer de conceitos de direito civil para o direito do trabalho, especialmente explicitando a motivação do convencimento e dos argumentos, citando julgado trabalhista que indica a necessidade de detalhar as reais circunstâncias e a motivação de negócio jurídico aplicável à área trabalhista — no caso, contrato de trabalhador temporário — para que esta motivação seja considerada válida:

> Em suma, a partir da interação científica a doutrina civilista deve preencher as estantes do intérprete que atua na área trabalhista, para motivar o seu convencimento e os seus argumentos. Na área trabalhista, já podem ser encontrados arestos que fazem menção à teoria do diálogo das fontes, com destaque para o seguinte: Trabalho temporário. Aplicação da CLT ou outro diploma legal. Possibilidade. Diálogo das fontes. A circunstância de o trabalho temporário ser disciplinado pela Lei 6.019/74. Não importa, de *per si*, em inaplicabilidade da CLT ou mesmo de outros diplomas legais, como o Código Civil, por exemplo, e isso porque, como se sabe, hodiernamente, diante do aumento dos microssistemas, regulando situações específicas, imprescindível o recurso ao denominado diálogo das fontes, como meio mais eficaz de proteção à parte mais fraca de uma relação jurídica, preservando-se a sua dignidade de pessoa humana e também por possibilitar uma visão de conjunto que um olhar parcial, por óbvio, não proporciona. Trabalho temporário. Contrato. Validade. Requisitos. A se entender que a mera celebração de contrato escrito e normalmente com cláusulas já previamente estabelecidas, entre as empresas prestadora e tomadora de serviços e entre aquela e o obreiro, apontando, passe a singeleza do vocábulo, 'secamente' qual o motivo da contratação, às vezes apenas assinalando com um 'X' um espaço em branco, atende ao quanto disposto na referida *lex*, bem é de ver que muito raramente se encontrará algum contrato de trabalho temporário que padeça de algum vício de nulidade, todos serão celebrados com a mais absoluta observância das normas legais pertinentes, de modo que, em situações nas quais se fala em substituição transitória de pessoal permanente ou quando o motivo determinante é o acréscimo extraordinário de serviços, há de ser apontado o que levou a que se desse uma ou outra situação, sendo

(47) CRETELLA NETO, José. Da importância do preâmbulo nos contratos internacionais do comércio. *Rev. Fac. Direito UFMG*, Belo Horizonte, n. 57. p. 211-240, jul.-dez. 2010. p. 221.

totalmente insuficiente a mera alusão, sem maiores especificações, a respeitante necessidade. Em outras palavras, não basta dizer que o motivo da contratação do trabalho temporário é este ou aquele, mesmo porque, só em razão dos mesmos é que tal concerto pode ser ajustado, imprescindível o deixar claro qual a situação que provocou e/ou que dá sustentação ao motivo alegado; por exemplo, um pedido de cliente absolutamente imprevisto e que, para ser atendido, provoca — aí sim — um acréscimo extraordinário de serviço, do contrário, se mencionada situação não ficar devidamente apontada, a rigor, as normas aplicáveis não restaram satisfeitas, como deveriam sê-lo, o que leva à decretação de nulidade do contrato de trabalho temporário, por não demonstrado o preenchimento das condições necessárias à sua celebração[48].

Na análise do art. 8º, § 3º, da Consolidação das Leis do Trabalho, pertinentes os ensinamentos de Carlos Roberto Gonçalves sobre os tipos de formas de contratos, em especial, o destaque para a forma especial ou solene, cujo propósito muito contribui para melhor definir a atuação do juiz ao julgar a validade de determinada norma coletiva:

> A forma especial ou solene é a exigida pela lei como requisito de validade de determinados negócios jurídicos. Em regra, a solenidade tem por propósito assegurar a autenticidade dos negócios, garantir a livre manifestação da vontade, demonstrar a seriedade do ato e facilitar a sua prova[49].

Portanto, mesmo no contexto de análise de forma dos contratos e das normas coletivas — o que, em um primeiro momento, pode parecer referir a mera burocracia ou aspectos documentais –, não se pode perder de vista o fundamento para essa exigência, que acaba por permear a manifestação de vontade.

E, neste particular, o art. 8º, § 3º, da Consolidação das Leis do Trabalho, ao referir o art. 104 do Código Civil de 2002, nada mais fez do que determinar a regra de interpretação da norma coletiva pelo juiz, a qual deve privilegiar a manifestação de vontade das partes.

Nem sempre, porém, deverá o juiz se abster de interferir na negociação coletiva. É o caso, por exemplo, de decisão do Tribunal Regional do Trabalho

---

(48) BRASIL. *Tribunal Regional do Trabalho da 15ª Região*, Recurso Ordinário 1146-2007-059-15-00-9, Acórdão 45622/08, 5ª Câmara, Rel. Des. Francisco Alberto da Motta Peixoto Giordani, DOESP 01.08.2008. p. 95.

(49) GONÇALVES, Carlos Roberto. *Direito esquematizado* — direito civil 1 — parte geral (obrigações/contratos). São Paulo: Saraiva, 2019. p. 323.

da 2ª Região sobre acordo de turnos de revezamento de 8 horas em que há prestação habitual de horas extras e a cláusula da norma coletiva foi declarada inválida[(50)], pois a prática não observou a real vontade das partes.

Neste caso, houve negociação de turnos ininterruptos de revezamento em jornada de 8 horas diárias. Porém, não existiu qualquer acordo sobre a realização de elastecimento dessa jornada em prestação habitual de horas extras. No caso, houve negociação coletiva de jornada de 8 horas, mas não negociação para jornada superior, tampouco para a realização de horas extras após a jornada já negociada. Por se tratar de medida excepcional, ou seja, os turnos de revezamento devem ter duração de 6 horas, salvo negociação coletiva (art. 7º, XIV), o princípio da intervenção mínima não impediu o Poder Judiciário de, corretamente, afastar a aplicação da norma coletiva.

Neste ponto, nota-se que o princípio da intervenção mínima impõe ao legislador que intervenha minimamente, mas sempre que necessário, o que se verificou no caso citado. A norma coletiva, na verdade, mostrou-se distante da realidade, pois as partes pactuaram jornada de 8 horas em turnos de revezamento, mas realizavam jornadas acima desse limite. De plano, identifica-se violação do requisito da forma do art. 104 do Código Civil de 2002, pois a manifestação de vontade — turnos ininterruptos de 8 horas — não foi concretizada, cabendo a intervenção do Poder Judiciário.

A análise da forma é importante também em casos de ação anulatória de normas coletiva, como no caso de decisão do Tribunal Regional do Trabalho da 3ª Região, que julgou válido acordo coletivo autorizando o trabalho aos domingos, embora o art. 6º-A da Lei n. 10.101/2000 faça menção expressa à convenção coletiva[(51)]. O entendimento do tribunal, porém, foi de que a vontade das partes prevalece sobre a lei, nos termos do art. 611-A da Consolidação das Leis do Trabalho, logo, o ajuste por acordo coletivo, autorizando o trabalho aos domingos, deve prevalecer sobre a previsão do art. 6º-A da Lei n. 10.101/2000, o que demonstra que a forma (acordo ou convenção coletiva) deve ser analisada no contexto de melhor avaliar e comprovar a vontade das partes.

É neste sentido que a exigência de formalidades da norma coletiva deve ser interpretada e aplicada. A convocação de assembleia, o quórum mínimo, a validade da norma coletiva, o registro e a publicidade do documento

---

(50) BRASIL. *Tribunal Regional do Trabalho da 2ª Região.* 10006076220195020482 SP, Rel. Rui Cesar Publio Borges Correa, 6ª Turma, Cadeira 4, Public. 13.05.2021.

(51) BRASIL. *Tribunal Regional do Trabalho da 3ª Região.* PJe: 0011680-46.2018.5.03.0000 (AACC), Seção de Dissídios Coletivos, Rel. Convocado Carlos Roberto Barbosa, Public. 29.04.2019.

associam-se, na verdade, com a manifestação de vontade da categoria, sua autenticidade e a seriedade da negociação.

O art. 104 do Código Civil de 2002 integra o Capítulo I, Disposições Gerais, do Título I, Do Negócio Jurídico. Os artigos subsequentes ao art. 104, no mesmo Capítulo, auxiliam na sua interpretação e aplicação, sobretudo o art. 112: "Art. 112. Nas declarações de vontade se atenderá mais à intenção nelas consubstanciada do que ao sentido literal da linguagem".

Na medida em que o preâmbulo de determinada norma coletiva contiver as declarações de vontade das partes e os termos nos quais se deram as tratativas e em que contexto e circunstâncias ocorreram as manifestações de vontade, tais termos integram a forma da norma coletiva. E, quando do cotejo da norma coletiva com os requisitos do art. 104 do Código Civil de 2002, o juiz poderá avaliar se a forma da norma coletiva foi observada, podendo, do contrário, anular o negócio jurídico ou deixar de aplicá-lo, a depender das normas processuais relativas ao caso concreto.

Daí a importância de o instrumento formal da norma coletiva refletir o que de fato foi negociado entre as partes, em que circunstâncias e com qual propósito. Com isso, amplia-se a avaliação do Poder Judiciário, mas não no sentido de que a decisão judicial substitua a vontade das partes e comprometa a autonomia de vontade. Ao contrário, no sentido de que a análise da forma da negociação coletiva não seja simplesmente um ato burocrático e de checagem documental, mas atue como garantidor de que a autonomia de vontade foi exercida em cenário de transparência e de exercício livre de vontade.

5. O OBJETO ILÍCITO DAS NORMAS COLETIVAS ALÉM DO ROL DO ART. 611-B DA CONSOLIDAÇÃO DAS LEIS DO TRABALHO (O TEMA 1.046 DO STF)

Considere-se o seguinte exemplo hipotético — exagerado, mas destinado a demonstrar que interpretações equivocadas do art. 8º, § 3º, da Consolidação das Leis do Trabalho, podem gerar consequências que escapam à razoabilidade jurídica: norma coletiva, legitimamente firmada, determinando que o direito de 30 dias de férias será usufruído de forma partida em 10 meses, 3 dias por mês, devidamente remunerados e com acréscimo de 1/3.

Ora, se considerado que a vedação de objeto da norma coletiva é, exclusivamente, o rol do art. 611-B da Consolidação das Leis do Trabalho, a hipótese estaria de acordo com o ordenamento jurídico. A restrição contida no art. 611-B da Consolidação das Leis do Trabalho refere-se somente ao "número de dias de férias devidas ao empregado" que, na hipótese acima, foram respeitados pela concessão dos 30 dias, nos termos do art. 130 da Consolidação das Leis do Trabalho. O "gozo de férias anuais remuneradas" (art. 7º, XII, da CF/1988) garantido constitucionalmente estaria igualmente preservado, já que naquele determinado ano houve concessão de férias, com respectivo pagamento. Nesse caso, questiona-se: ao julgar ação trabalhista envolvendo referida norma coletiva, a análise do Poder Judiciário deveria limitar-se a observar o cumprimento, ou não, da previsão normativa dos arts. 7º, XII, da Constituição Federal de 1988, 130 e 611-A e B, da Consolidação das Leis do Trabalho, além da representatividade do sindicato signatário da norma, assembleia de empregados e demais requisitos formais? Ou o Poder Judiciário deveria avaliar se a previsão da norma coletiva garante efetividade ao direito ao lazer, ao descanso, à família e aos valores sociais do trabalho?

Ao se adotar os ensinamentos da doutrina civilista já indicados, essa previsão esbarraria na ordem pública, neste particular entendida como aquela que requer obediência a valores e princípios "necessários à manutenção da vida social"[52]. É certo que a concessão de férias partidas segundo a hipótese aventada esbarra em padrões mínimos de vida social, descanso do trabalhador, valores de lazer e família.

Portanto, mesmo que se adote o entendimento de que o juiz trabalhista, ao rever norma coletiva, está restrito a analisar o cumprimento, ou não, dos termos do art. 104 do Código Civil de 2002, a própria interpretação do art. 104 permitirá ao juiz aplicar critérios valorativos, necessários na análise de cláusulas abertas para enquadrar o objeto da norma coletiva como lícito ou ilícito.

E, neste particular, convém abordar a teoria do diálogo das fontes, enfrentada por Flávio Tartuce:

> Para finalizar o estudo da introdução ao Código Civil de 2002, pode-se demonstrar uma relação direta entre o diálogo das fontes, a constitucionalização do Direito Civil (com o surgimento do Direito Civil Constitucional), a eficácia horizontal dos direitos fundamentais, a personalização do Direito Civil e o sistema de cláusulas gerais construído pela ontognoseologia realeana.
>
> Ora, a constitucionalização do Direito Civil nada mais é do que um diálogo entre o Código Civil e a Constituição (Direito Civil Constitucional). Com isso se vai até a Constituição, onde repousa a proteção da pessoa como máxime do nosso ordenamento jurídico (personalização).
>
> Para que essa proteção seja possível, deve-se reconhecer a eficácia horizontal dos direitos fundamentais, ou seja, que as normas que protegem a pessoa, previstas no Texto Maior, têm aplicação imediata nas relações entre particulares. A porta de entrada dessas normas protetivas, nas relações privadas, pode se dar por meio das cláusulas gerais (eficácia horizontal mediata), ou mesmo de forma direta (eficácia horizontal imediata)[53].

O Tema 1.046 do STF seria o veículo supostamente legítimo para encerrar a discussão sobre matérias que podem ou não ser negociadas de forma a se sobrepor à lei. Porém, não foi o que ocorreu.

Em 02 de junho de 2023 foi publicado acórdão, após apreciação do Pleno do STF, que julgou recurso extraordinário com agravo ARE 1121633/GO.

---

(52) OLIVEIRA, Eduardo Ribeiro de. *Comentários ao Novo Código Civil*. v. 2. São Paulo: Forense, 2008.

(53) TARTUCE, Flávio. *Manual de direito civil*. Rio de Janeiro: Forense, 2022. p. 84.

Em tal recurso, alegava-se a necessidade de manutenção do pactuado em norma coletiva que previu que não seriam pagas como extras as horas *in itinere*, recorrendo-se ao princípio da prevalência do acordo coletivo de trabalho, autonomia da vontade das partes e segurança jurídica.

A tese fixada pelo Supremo Tribunal Federal assim dispôs:

> São constitucionais os acordos e convenções coletivas de trabalho que, ao considerarem a adequação setorial negociada, pactuam limitações ou afastamento de direitos trabalhistas, independente de explicitação especificada de vantagens compensatórias, desde que respeitados os direitos absolutamente indisponíveis.

A tese deixa claro, como já constava na lei, que não é preciso haver indicação de contrapartida recíproca em negociação coletiva para a validade da norma coletiva como negócio jurídico (art. 611-A, § 2º, da Consolidação das Leis do Trabalho).

Nas razões de seu voto, o Relator Ministro Gilmar Mendes reconhece a necessidade de bem se definir a atuação do Judiciário Trabalhista na revisão de normas coletivas:

> Apesar de todo o arcabouço constitucional que não apenas legitima, mas estimula a negociação coletiva, não são incomuns decisões da Justiça do Trabalho que, a partir da análise do caso concreto, interpretam cláusulas previamente estipuladas de forma a restringi-las ou a anulá-las. Diante desse quadro, a definição dos limites da intervenção judiciária deve ser clara, a fim de evitar ingerências indevidas e preservar o pactuado.

O Relator estabeleceu 3 balizas para nortear a interpretação judicial na revisão de normas coletivas: (i) equivalência entre os negociantes, ou seja, não se aplicando o princípio protetivo que norteia a interpretação de direitos individuais do trabalho; (ii) teoria do conglobamento na apreciação das normas coletivas, de forma que o Poder Judiciário não deve analisar cláusulas isoladamente, pois o conjunto do acordo e todas suas concessões recíprocas formam um todo unitário, de maneira que eventual declaração judicial de nulidade não deve ser direcionada à parte que traz maior ônus aos empregados, mas sim a todo o acordo, se for o caso e (iii) disponibilidade ampla de direitos na negociação coletiva, resguardado o patamar civilizatório mínimo, onde estariam os direitos absolutamente indisponíveis.

Neste particular, sobre o princípio da adequação setorial negociada, Mauricio Godinho Delgado explica que se trata de princípio recente, ao qual se referiu pela primeira vez em 1994, e cuja finalidade é orientar os critérios para harmonização entre normas coletivas e jurídicas provenientes da legislação heterônoma:

> Pelo princípio da adequação setorial negociada, as normas autônomas juscoletivas construídas para incidirem sobre certa comunidade econômico-profissional podem prevalecer sobre o padrão geral heterônomo, justrabalhista, desde que respeitados certos critérios objetivamente fixados. São dois esses critérios autorizativos: a) quando as normas autônomas juscoletivas implementam um padrão setorial de direitos superior ao padrão geral oriundo da legislação heterônoma aplicável; b) quando as normas autônomas juscoletivas transacionam setorialmente parcelas justrabalhistas de indisponibilidade apenas relativa(54).

Nota-se que esse princípio, nas bases acima, já era explorado por Mauricio Godinho Delgado muitos anos antes da reforma trabalhista e da decisão do Supremo Tribunal Federal no Tema 1.046. Seus ensinamentos são ilustrativos e atuais.

O aspecto mais subjetivo da tese fixada e que, portanto, não encerra a discussão sobre as matérias que constituem objeto lícito de negociação coletiva, é o exigido respeito aos "direitos absolutamente indisponíveis".

Segundo o Ministro Relator do Tema 1.046:

> Isso conduz ao principal ponto desse princípio: a definição dos direitos absolutamente indisponíveis. Em regra, **as cláusulas de convenção ou acordo coletivo não podem ferir um patamar civilizatório mínimo**, composto, em linhas gerais, (i) pelas normas constitucionais, (ii) pelas normas de tratados e convenções internacionais incorporadas ao Direito Brasileiro e (iii) pelas normas que, mesmo infraconstitucionais, asseguram garantias mínimas de cidadania aos trabalhadores.

Ao reconhecer a natureza vaga do conceito de direitos absolutamente indisponíveis, o Ministro Gilmar Mendes recorre ao voto do Ministro Roberto Barroso no Tema 152, abaixo transcrito:

> "as regras autônomas juscoletivas podem prevalecer sobre o padrão geral heterônomo, mesmo que sejam restritivas dos direitos dos trabalhadores, desde que não transacionem setorialmente parcelas justrabalhistas

---

(54) DELGADO, Mauricio Godinho. *Curso de direito do trabalho*. 9. ed. São Paulo: LTr, 2010. p. 1.229.

de indisponibilidade absoluta. **Embora, o critério definidor de quais sejam as parcelas de indisponibilidade absoluta seja vago, afirma-se que estão protegidos contra a negociação *in pejus* os direitos que correspondam a um patamar civilizatório mínimo**, como a anotação da **CTPS, o pagamento do salário mínimo, o repouso semanal remunerado as normas de saúde e segurança do trabalho, dispositivos antidiscriminatórios, a liberdade de trabalho** etc. Enquanto tal patamar civilizatório mínimo deveria ser preservado pela legislação heterônoma, os direitos que o excedem sujeitar-se-iam à negociação coletiva, que, justamente por isso, constituiria um valioso mecanismo de adequação das normas trabalhistas aos diferentes setores da economia e as diferenciadas conjunturas econômicas".

Na mesma linha, Mauricio Godinho Delgado ensina que os direitos de indisponibilidade absoluta não podem ser atingidos pela negociação coletiva e invoca, então, o mesmo mencionado "patamar civilizatório mínimo" ao definir o que são os direitos trabalhistas de indisponibilidade absoluta:

> Tais parcelas são aquelas imantadas por uma tutela de interesse público, por constituírem um patamar civilizatório mínimo que a sociedade democrática não concebe ver reduzido em qualquer segmento econômico-profissional, sob pena de se afrontarem a própria dignidade da pessoa humana e a valorização mínima deferível ao trabalho (arts. 1º, III e 170, *caput*, CF/88). Expressam, ilustrativamente, essas parcelas de indisponibilidade absoluta a anotação da CTPS, o pagamento do salário mínimo, as normas de saúde e segurança no ambiente de trabalho[(55)].

A definição de "direitos de indisponibilidade absoluta", porém, não se alcança facilmente. Salário constitui direito de indisponibilidade absoluta, mas quais aspectos do tema salário podem, ou não, ser objeto de norma coletiva? Recentemente, o TST julgou ação anulatória de norma coletiva ajuizada pelo Ministério Público do Trabalho em que se discutia a validade, ou não, de cláusula de norma coletiva que permitia o pagamento de salário após o prazo de 5º dia útil do mês subsequente à prestação de serviços previsto na ordem infraconstitucional[(56)]. Ao tratar do art. 8º, § 3º, da Constituição Federal de 1988, o TST decidiu que o salário possui natureza alimentar e que a lei estabelece critérios objetivos para o seu pagamento, dentre eles, o prazo, o qual

---

(55) DELGADO, Mauricio Godinho. *Curso de direito do trabalho*. 9. ed. São Paulo: LTr, 2010. p. 1.229.

(56) BRASIL. Tribunal Superior do Trabalho. ROT-294-27.2019.5.23.0000, Seção Especializada em Dissídios Coletivos, Rel. Min. Mauricio Godinho Delgado, Public. 29.04.2022.

estaria revestido de indisponibilidade absoluta diante do objetivo de atender às necessidades vitais básicas do trabalhador e da sua família, concluindo pela invalidade da norma coletiva que estendia o prazo de pagamento do salário.

Mauricio Godinho Delgado[57] é específico ao ensinar que este patamar civilizatório mínimo é estabelecido por três grupos de normas trabalhistas heterônomas: (i) as normas constitucionais (respeitadas as ressalvas da própria CF/1988, art. 7º, VI, XIII e VIV); (ii) as normas de tratados e convenções internacionais em vigor no plano interno brasileiro, com base no art. 5º, § 2º, da Constituição Federal de 1988; e (iii) as normas legais infraconstitucionais que asseguram patamares de cidadania ao indivíduo que labora (saúde e segurança, bases salariais mínimas, normas de identificação, dispositivos antidiscriminatórios).

As normas constitucionais serão detalhadamente abordadas nos capítulos seguintes dedicados a tratar dos direitos fundamentais.

Sobre as normas internacionais, as Convenções ns. 98 e 154 da OIT expressam o estímulo à negociação coletiva. Nessa linha, a Ementa 806 do Comitê de Liberdade Sindical da OIT, que trata da duração de trabalho:

> 806. Uma legislação que exclua a duração do trabalho do campo de aplicação da negociação coletiva, salvo quando há autorização governamental, parece atentar contra o direito das organizações de trabalhadores de negociar livremente com os empregadores as condições de trabalho garantidas pelo artigo 4º da Convenção 08[58].

Em publicação mais recente, Mauricio Godinho Delgado[59] indica que os direitos de indisponibilidade absoluta na legislação federal, ao se considerar os novos termos trazidos pela reforma trabalhista, seriam aqueles do art. 611-B e alguns outros. Por exemplo, para o autor, o rol do art. 611-A alargou o rol de direitos de indisponibilidade relativa, mas ele considera inaceitável a previsão de que as normas relativas à jornada de trabalho não se enquadram como normas de saúde e segurança, por entender que essa previsão é contrária ao que prevê a Constituição Federal de 1988, por ofender

---

(57) DELGADO, Mauricio Godinho. *Curso de direito do trabalho*. 9. ed. São Paulo: LTr, 2010. p. 1.230.

(58) OIT. *Liberdade sindical*: recompilação de decisões e princípios do comitê de liberdade sindical do conselho de administração da OIT. Brasília, 1997 (traduzido do original espanhol). Disponível em: https://www.ilo.org/wcmsp5/groups/public/---americas/---ro-lima/---ilo-brasilia/documents/publication/wcms_231054.pdf. Acesso em: 22 nov. 2022.

(59) DELGADO, Mauricio Godinho; NEVES, Gabriela. *A reforma trabalhista no Brasil*. São Paulo: LTr, 2017. p. 269-270.

direitos centrais para a Constituição, como o direito à vida e à dignidade da pessoa humana.

Outro caso concreto que auxilia na definição dos direitos "absolutamente indisponíveis" para além do rol do art. 611-B da Consolidação das Leis do Trabalho é a proteção à maternidade. É certo que o art. 611-B traz rol exaustivo de matérias que não podem ser negociadas, praticamente repetindo o art. 7º da Constituição Federal de 1988, sem indicar a proteção à maternidade (apenas proteção à licença-maternidade no inciso XIII).

A proteção à maternidade constitui direito fundamental, social, previsto nos arts. 6º, 201, II e 203, I, da Constituição Federal de 1988. A estabilidade da gestante está, ainda, prevista no art. 10, II, b, do Ato das Disposições Constitucionais Transitórias. Portanto, mesmo que a estabilidade da gestante não esteja prevista no rol supostamente exaustivo do art. 611-B da Consolidação das Leis do Trabalho, e mesmo que se admita que o rol de direitos negociáveis do art. 611-A da Consolidação das Leis do Trabalho é exemplificativo, não há dúvidas de que a estabilidade da gestante é um direito constitucional e absolutamente indisponível para fins de norma coletiva e, como tal, não pode ser negociado de forma a tornar-se inexistente ou limitado.

Isso também é reconhecido pelas decisões judiciais ao declarar a invalidade de cláusula de norma coletiva que condiciona a estabilidade da gestante à comprovação do estado gravídico, ao empregador, no prazo de 90 dias a contar da comunicação da dispensa, porque a garantia de emprego à gestante constitui garantia constitucional[60].

Na mesma linha, os direitos à intimidade, vida privada, honra e imagem, protegidos pelo art. 5º, V e X, da Constituição Federal de 1988, e incluídos pela LGPD, não constam do rol proibitivo do art. 611-B da Consolidação das Leis do Trabalho. De todo modo, não se pode invocar que, a eles, se aplica o rol exemplificativo do art. 611-A da Consolidação das Leis do Trabalho, tendo em vista a proteção constitucional que lhes é garantida, sob pena de ofensa a direitos fundamentais. Por isso, cláusula de norma coletiva que prevê, por exemplo, a possibilidade de a empresa utilizar as informações constantes do banco de dados de seus empregados para "prestação de informações e preenchimento de formulários aos órgãos públicos e privados, desde que pertinentes à relação de trabalho" é inválida[61], porque essa cláusula viola

---

(60) BRASIL. *Tribunal Superior do Trabalho*. RO-22166-97.2017.5.04.0000, Seção Especializada em Dissídios Coletivos, Rel. Min. Ives Gandra Martins Filho, Public. 17.10.2019.

(61) BRASIL. *Tribunal Regional do Trabalho da 2ª Região*. Processo: 1004123-13.2021.5.02.0000, SDC, Cadeira 2, Seção Especializada em Dissídio Coletivo, Rel. Catarina Von Zuben, j. 01.09.2022.

tanto a LGPD quanto os direitos fundamentais do art. 5º, V e X, da Constituição Federal de 1988, por conter autorização genérica, sem observar necessidade de consentimento, nem qualquer outra base legal para o tratamento de dados.

Os direitos à intimidade e à vida privada, além da proteção à maternidade, são apenas exemplos com o fim de contrapor a equivocada interpretação de que o rol do art. 611-B da Consolidação das Leis do Trabalho contém todos os direitos que não podem ser negociados em norma coletiva. Há, claramente, outros direitos não indicados neste rol, mas que, devido à proteção constitucional e à sua indisponibilidade absoluta por questões até mesmo de ordem pública (art. 104 do Código Civil de 2002), não podem ser negociados em normas coletivas.

6. DIREITOS FUNDAMENTAIS — ANÁLISE DOS ASPECTOS RELEVANTES PARA INTERPRETAÇÃO DO ART. 8º, § 3º, DA CONSOLIDAÇÃO DAS LEIS DO TRABALHO

A partir da assertiva trazida no início do presente estudo de que o objeto lícito do art. 104 do Código Civil de 2002 não se refere somente ao objeto que não afronte a lei em sentido estrito, mas, também, àquele que não contrarie a ordem pública e os bons costumes, conclui-se não ser correto interpretar o art. 8º, § 3º, da Consolidação das Leis do Trabalho, no sentido de que toda norma coletiva será válida se não contrariar lei expressa e, em especial, se não contrariar os arts. 611-A e 611-B.

A análise judicial das normas coletivas, orientada pela regra da intervenção mínima na autonomia privada coletiva, não se restringe a compatibilizar o objeto da norma coletiva com as previsões dos arts. 611-A e 611-B, tampouco com outros dispositivos legais. Mais que isso, cabe ao julgador avaliar se o conteúdo da norma coletiva é lícito sob a ótica de ordem pública e dos bons costumes e se os requisitos de forma foram observados e estão compatíveis com a autonomia de vontade expressada na negociação coletiva — aqui, sem mencionar o respeito ao elemento de agente capaz que, como esclarecido na Introdução do presente estudo, não será analisado.

Assim como no Direito Civil, ao tratar de cláusulas abertas, na esfera trabalhista também há a imediata preocupação de se evitar incertezas profundas e decisões casuísticas baseadas em interpretações de cada juiz, causando a indesejável insegurança jurídica.

O desafio do intérprete em relação ao art. 8º, § 3º, da Consolidação das Leis do Trabalho, parece ser encontrar a melhor medida para, de um lado, não negar vigência e aplicação completas ao referido artigo e, de outro lado, garantir que a sua aplicação esteja em conformidade com o restante do ordenamento jurídico e com os princípios e valores do Direito do Trabalho. Nesse sentido, relevante a lição de Miguel Reale:

> É que os tribunais não podem recusar aplicação às normas em vigor, a não ser quando, como veremos, estiver caracterizado e comprovado que a lei invocada caiu em efetivo desuso. Mesmo, porém, quando ainda não se caracterizou o desuso, o Judiciário, ao ter de aplicar uma regra em conflito com os valores do ordenamento, atenua, quando não elimina, os seus efeitos aberrantes, dando-lhe interpretação condizente com o espírito do sistema geral, graças à sua correlação construtiva com outras regras vigentes. Deve observar-se que não se sabe qual o maior dano, se o das leis más, suscetíveis de revogação, ou o poder conferido ao juiz para julgar *contra legem*, a pretexto de não se harmonizarem com o que lhe parece ser uma exigência ética ou social[(62)].

Por isso, parece correto o entendimento de que, embora a interpretação meramente gramatical do art. 8º, § 3º, da Consolidação das Leis do Trabalho, deva ser combatida, sob pena de permitir que normas coletivas contrárias à ordem pública, princípios, valores e violações de direitos absolutamente indisponíveis vigorem no ordenamento, é certo, por outro lado, que a mera não aplicação do art. 8º, § 3º, da Consolidação das Leis do Trabalho, por considerá-lo inconstitucional ou por alargar profundamente o papel do Poder Judiciário no julgamento de casos envolvendo normas coletivas, também não é o melhor caminho a ser trilhado, pois ambas as soluções seriam igualmente maléficas, segundo Miguel Reale.

É preciso encontrar a melhor interpretação para o art. 8º, § 3º, da Consolidação das Leis do Trabalho, definindo limites e critérios para a atuação do Poder Judiciário quando revisar normas coletivas. Nesses termos, a análise dos direitos fundamentais é essencial para o objetivo do presente estudo a respeito da compatibilidade do art. 8º, § 3º, da Consolidação das Leis do Trabalho, com os direitos fundamentais.

Neste capítulo, o objetivo é conceituar e definir alguns contornos dos direitos fundamentais e da sua eficácia, além de abordar a potencial colisão entre a previsão do art. 8º, § 3º, da Consolidação das Leis do Trabalho, e

---

(62) REALE, Miguel. *Lições preliminares de direito*. São Paulo: Saraiva, 2009. p. 113.

alguns direitos fundamentais usualmente invocados como fundamento para a inconstitucionalidade da referida previsão infraconstitucional.

6.1. CONCEITO DE DIREITOS FUNDAMENTAIS

O conceito de direitos fundamentais não se encontra facilmente na doutrina. É matéria densa, complexa e, ao mesmo tempo, de ampla aplicação inclusive na esfera trabalhista.

É possível encontrar definições de direito fundamental a partir da sua comparação com os direitos humanos, indicando que estes últimos constituem normas universais e de aplicação internacional, ao passo que os direitos fundamentais seriam normas de aplicação no âmbito de cada Estado. Nesse sentido é o ensinamento de Ingo Wolfgang Sarlet:

> Em que pese as duas expressões ("direitos humanos" e "direitos fundamentais") sejam comumente utilizadas como sinônimas, a explicação corriqueira e, diga-se de passagem, procedente para a distinção é de que a expressão "**direitos fundamentais" se aplica para aqueles direitos do ser humano reconhecidos e positivados na esfera do direito constitucional positivo de determinado Estado**, **ao passo que a expressão "direitos humanos" guardaria relação com os documentos de direito internacional**, por referir-se àquelas posições jurídicas que se reconhecem ao ser humano como tal, independentemente de sua vinculação com determinada ordem constitucional, e que, portanto, aspiram à validade universal, para todos os povos e tempos, de tal sorte que revelam um inequívoco caráter supranacional (internacional)[63].

Além disso, é pertinente a interpretação de George Marmelstein que associa os direitos fundamentais à limitação de poder, à dignidade humana e aos direitos positivados na Constituição Federal de 1988:

Os direitos fundamentais são normas jurídicas, intimamente ligadas à ideia de dignidade da pessoa humana e de limitação do poder, positivadas no plano constitucional de determinado Estado Democrático de Direito, que, por sua importância axiológica, fundamentam e legitimam todo o ordenamento jurídico[64].

---

(63) SARLET, Ingo Wolfgang. *A eficácia dos direitos fundamentais*: uma teoria geral dos direitos fundamentais na perspectiva constitucional. 13. ed. São Paulo: Livraria do Advogado, 2021. p. 29.

(64) MARMELSTEIN, George. *Curso de direitos fundamentais*. 8. ed. São Paulo: Grupo GEN, 2019. Disponível em: https://integrada.minhabiblioteca.com.br/#/books/9788597021097/. Acesso em: 3 fev. 2022. p. 837.

Segundo o autor, os direitos fundamentais são aqueles que possuem hierarquia constitucional. Por isso, indica que todos os direitos constantes no Título II da Constituição Federal de 1988 são direitos fundamentais, muito embora critique rol tão extensivo, que inclui direitos que, de plano, não guardam aparente relação com a dignidade humana nem com a limitação de poder. Todavia, esclarece que a Constituição Federal de 1988 adotou rol não exaustivo de direitos fundamentais e, segundo fundamento do art. 1º, III, e art. 5º, § 2º, pode haver direitos fundamentais não inseridos no Título II, nem previstos na Constituição Federal de 1988: "para saber se determinado direito é fundamental, deve-se analisar se a Constituição confere, ainda que implicitamente, alguma proteção especial a ele".

George Marmelstein admite a existência de direitos fundamentais além daqueles expressamente previstos na Constituição Federal de 1988:

> Na verdade, o conceito antes elaborado não exclui a possibilidade de existirem direitos fundamentais fora do texto constitucional, desde que, por força da própria Constituição, eles possam ser considerados como normas dotadas de juridicidade potencializada. O importante é que, a partir da Constituição (formal ou material), seja possível identificar a fundamentalidade de um dado direito, ainda que de forma implícita[(65)].

De todo modo, a vinculação dos direitos fundamentais à positivação na CF/1988, sobretudo e particularmente a vinculação dos direitos trabalhistas às previsões dos arts. 7º e 8º, é tema que ainda desperta dúvidas e incertezas. É desafiador concluir que o amplo rol do art. 7º da Constituição Federal de 1988 contém direitos necessários para garantir a dignidade humana e limitar a atuação dos Poderes. Igualmente, é possível pensar em direitos que atendam a essas características e não estejam incluídos neste rol.

George Marmelstein menciona, ainda, o direito à participação nos lucros e resultados e o direito ao lazer:

> Nesse extenso rol, há direitos que não possuem uma ligação tão forte com a dignidade da pessoa humana nem com a limitação do poder. Pode-se mencionar, por exemplo, o direito de marca, o direito ao lazer (art. 6º) ou mesmo o direito dos trabalhadores à participação nos lucros das empresas, entre outros semelhantes. São direitos importantes, mas

---

(65) MARMELSTEIN, George. *Curso de direitos fundamentais*. 8. ed. São Paulo: Grupo GEN, 2019. Disponível em: https://integrada.minhabiblioteca.com.br/#/books/9788597021097/. Acesso em: 3 fev. 2022. p. 910.

talvez não tão essenciais. Poderiam perfeitamente estar fora do Título II ou até mesmo fora da Constituição[66].

Por isso, a compatibilização do art. 8º, § 3º, da Consolidação das Leis do Trabalho com os direitos fundamentais não deve ser feita a partir puramente do rol do art. 7º da Constituição Federal de 1988 — o qual certamente integra a análise, mas não a encerra. O ponto de partida para a análise dos limites da atuação do Poder Judiciário ao decidir casos envolvendo a análise de normas coletivas deve ser, essencialmente, os direitos fundamentais que, de forma macro, de um lado, garantem o fomento à negociação coletiva e à autonomia de vontade e, de outro, impõem a dignidade da pessoa humana e a prevalência do Estado Democrático de Direito.

Luciano Martinez enfatiza ainda a associação dos direitos fundamentais à limitação de atuação dos Poderes:

> Inicialmente é importante anotar que os direitos fundamentais não se encontram na esfera da disponibilidade dos Poderes Públicos. Em qualquer caso e em qualquer circunstância, como bem esclareceu Jorge Miranda, qualquer ato de Poder Público deve tomá-las como fundamento e como referência e, além desses lindes, deve tender a conferir-lhes a máxima eficácia possível, observadas, é claro, as particularidades que dizem respeito ao exercício de cada um dos poderes estatais[67].

A importância dos direitos fundamentais é ressaltada na doutrina também em razão da sua íntima ligação com o Estado de Direito por Ingo Wolfgang Sarlet, no sentido de que "os direitos fundamentais passaram a ser simultaneamente a base e o fundamento (*basis and foundationof government*), afirmando, assim, a ideia de um Estado que, no exercício do seu poder, está condicionado aos limites fixados na Constituição"[68] e esclarecendo que o poder encontra justificativa na realização dos direitos do homem. Logo, o exercício do poder deve ser orientado e, por vezes, limitado, na medida em que sirva para dar efetividade aos direitos fundamentais.

---

(66) MARMELSTEIN, George. *Curso de direitos fundamentais*. 8. ed. São Paulo: Grupo GEN, 2019. Disponível em: https://integrada.minhabiblioteca.com.br/#/books/9788597021097/. Acesso em: 3 fev. 2022. p. 880.

(67) MARTINEZ, Luciano. *Curso de direito do trabalho*. São Paulo: Saraiva, 2020. Disponível em: https://integrada.minhabiblioteca.com.br/#/books/9788553618408/. Acesso em: 6 jan. 2022. p. 1.038.

(68) SARLET, Ingo Wolfgang. *A eficácia dos direitos fundamentais*: uma teoria geral dos direitos fundamentais na perspectiva constitucional. 13. ed. São Paulo: Livraria do Advogado, 2021. p. 60.

A doutrina de Ingo Wolfgang Sarlet[69] também é relevante para esse estudo na medida em que trata da "fundamentalidade" formal e material dos direitos fundamentais ao recorrer aos argumentos desenvolvidos por Robert Alexy e José Joaquim Gomes Canotilho.

Para Ingo Wolfgang Sarlet, a fundamentalidade formal está associada ao direito positivo. Significa dizer que, sob a ótica formal, os direitos fundamentais (parte da Constituição escrita) ostentam natureza supralegal e estão no topo do ordenamento jurídico; são cláusulas pétreas (art. 60 da CF/1988) e possuem aplicabilidade imediata (art. 5º, § 1º, da CF/1988). Sob a ótica material, são direitos que contêm decisões fundamentais sobre "a estrutura básica do Estado e da sociedade"[70].

Ademais, na Constituição Federal de 1988, o rol de diversos direitos fundamentais previsto não é exaustivo, na medida em que se admite a existência de outros direitos fundamentais (art. 5º, § 2º, da CF/1988), cuja definição é trazida por Ingo Wolfgang Sarlet:

> Direitos fundamentais são, portanto, todas aquelas posições jurídicas concernentes às pessoas que, do ponto de vista do direito constitucional positivo, foram, por seu conteúdo e importância (fundamentalidade em sentido material), integradas ao texto da Constituição e, portanto, retiradas da esfera de disponibilidade dos poderes constituídos (fundamentalidade formal), bem como as que, por seu conteúdo e significado, possam lhes ser equiparados, agregando-se à Constituição material, tendo, ou não, assento na Constituição formal (aqui considerada a abertura material do Catálogo)[71].

Ingo Wolfgang Sarlet[72] ainda esclarece que os direitos fundamentais não se restringem àqueles elencados na Constituição Federal de 1988, mas que há direitos implícitos que, embora não integrem o Título II da Constituição

(69) SARLET, Ingo Wolfgang. *A eficácia dos direitos fundamentais*: uma teoria geral dos direitos fundamentais na perspectiva constitucional. 13. ed. São Paulo: Livraria do Advogado, 2021. p. 75.

(70) SARLET, Ingo Wolfgang. *A eficácia dos direitos fundamentais*: uma teoria geral dos direitos fundamentais na perspectiva constitucional. 13. ed. São Paulo: Livraria do Advogado, 2021. p. 76.

(71) SARLET, Ingo Wolfgang. *A eficácia dos direitos fundamentais*: uma teoria geral dos direitos fundamentais na perspectiva constitucional. 13. ed. São Paulo: Livraria do Advogado, 2021. p. 78.

(72) SARLET, Ingo Wolfgang. *A eficácia dos direitos fundamentais*: uma teoria geral dos direitos fundamentais na perspectiva constitucional. 13. ed. São Paulo: Livraria do Advogado, 2021. p. 81.

Federal de 1988, são materialmente fundamentais e indicam o caráter meramente exemplificativo do rol do art. 7º da Constituição Federal de 1988:

> Aliás, na doutrina nacional já foi virtualmente pacificado o entendimento de que o rol dos direitos sociais (art. 6º) e dos direitos sociais dos trabalhadores (art. 7º) são — a exemplo do art. 5º, § 2º, da CF — meramente exemplificativos, de tal sorte que ambos podem ser perfeitamente qualificados de cláusulas especiais de abertura.

Conforme explica George Marmelstein, há relevância prática na qualificação de determinado direito como fundamental na medida em que os direitos fundamentais possuem características relevantes, a exemplo de aplicação imediata, independente de regulamentação (art. 5º, § 1º, da CF/1988), e plenamente exigíveis; são cláusulas pétreas (art. 60, § 4º, IV, da CF/1988), logo, não podem ser abolidos nem retirados por meio de emenda e possuem hierarquia constitucional, de forma que "se determinada lei dificultar ou impedir, desproporcionalmente, a efetivação de um direito fundamental, essa lei poderá ter sua aplicação afastada por inconstitucionalidade"(73).

Nessa esteira, Virgílio Afonso da Silva(74) explica que o âmbito de proteção dos direitos fundamentais é matéria ainda controversa na doutrina, que discute, basicamente, entre o âmbito restrito de proteção (que inclui apenas aquilo que é "definido e absolutamente protegido") e o âmbito amplo de proteção, segundo o qual não é possível definir previamente o alcance da proteção de um direito fundamental, pois "tudo aquilo que for tematicamente pertinente deve ser incluído no âmbito de proteção de um direito fundamental".

Para o autor, nem mesmo o STF tem posição clara sobre o assunto:

> [...] embora faça referência frequente ao teste de proporcionalidade, o que pode ser considerado um indício de adoção de um âmbito de proteção amplo, ainda assim a aplicação da proporcionalidade, na jurisprudência do tribunal, convive com argumentos que podem ser associados um enfoque restrito(75).

---

(73) MARMELSTEIN, George. *Curso de direitos fundamentais*. 8. ed. São Paulo: Grupo GEN, 2019. Disponível em: https://integrada.minhabiblioteca.com.br/#/books/9788597021097/. Acesso em: 3 fev. 2022. p. 16.

(74) SILVA, Virgílio Afonso da. *Direito constitucional brasileiro*. São Paulo: Edusp, 2021. p. 102-103.

(75) SILVA, Virgílio Afonso da. *Direito constitucional brasileiro*. São Paulo: Edusp, 2021. p. 102-103.

Em sua obra, Virgílio Afonso da Silva adota a interpretação de proteção ampla ao se aprofundar na necessidade de haver justificativa constitucional para restringir o âmbito de proteção em sua forma mais ampla.

Seus ensinamentos também são importantes para a análise do art. 8º, § 3º, da Consolidação das Leis do Trabalho, no que tange às restrições a direitos fundamentais[76]. Para o autor, embora o Supremo Tribunal Federal insista em afirmar que não há direitos fundamentais absolutos, as próprias decisões da Corte e seus fundamentos indicam que há, sim, direitos fundamentais absolutos (proibição de extradição de brasileiro nato, reserva legal e anterioridade da lei penal e vedação à tortura, por exemplo), embora a maioria não o seja.

E essa distinção é importante porque altera a forma de se aplicar e de se solucionar conflitos de normas[77]. Se o direito fundamental é absoluto, ele não pode ser relativizado em razão de outro direito nem em favor de algum interesse social ou coletivo. Se, por outro lado, determinado direito fundamental é restringível, é importante avaliar como controlar a forma de restrição: "não é a intuição ou o costume o critério decisivo para identificar uma restrição como compatível com a Constituição ou não. É o teste de proporcionalidade".

Diante disso, considerando a doutrina e os ensinamentos transcritos, para este estudo, o conceito de direitos fundamentais observará o seguinte: 1) são aqueles direitos positivados como tais na Constituição Federal de 1988; 2) os direitos constantes do Título II da Constituição Federal de 1988 são direitos fundamentais; 3) há outros direitos, além daqueles do Título II da Constituição Federal de 1988, que são direitos fundamentais, pois o próprio art. 5º, § 2º, da Constituição Federal de 1988 admite a sua existência; 4) conceituar determinado direito como fundamental pode não ser suficiente para definir se ele pode ou não ser negociado em norma coletiva e em que medida. Os limites de restrição de um direito fundamental, para garantir eficácia a outro direito fundamental, são medidos e definidos pelo teste de proporcionalidade e pelo conteúdo essencial dos direitos fundamentais, abordados a seguir.

6.2. O TESTE DE PROPORCIONALIDADE NA DOUTRINA

O teste de proporcionalidade tornou-se fundamento bastante comum invocado pela doutrina e jurisprudência. É preciso reconhecer, contudo, que

(76) SILVA, Virgílio Afonso da. *Direito constitucional brasileiro*. São Paulo: Edusp, 2021. p. 116-117.

(77) SILVA, Virgílio Afonso da. *Direito constitucional brasileiro*. São Paulo: Edusp, 2021. p. 118.

não se trata de mera análise de razoabilidade. A doutrina ensina os requisitos a serem observados pelo teste de proporcionalidade para se alcançar a conclusão em cada caso concreto.

Sobre o teste de proporcionalidade, Jane Reis Pereira ressalta:

> A ponderação, como técnica de decisão, identifica-se com a aplicação do princípio da proporcionalidade em sentido estrito, que determina que se coloquem em equação os ônus e as vantagens que defluem da tutela total ou parcial de cada um dos bens jurídicos em conflito(78).

O teste de proporcionalidade, conforme reconhecido pela doutrina constitucionalista, é dividido em três fases: adequação, necessidade e proporcionalidade em sentido estrito. A relevância dessa análise para este estudo é avaliar os limites da atuação do Poder Judiciário ao julgar casos envolvendo a aplicação e a interpretação de normas coletivas, na medida em que a previsão do art. 8º, § 3º, da Consolidação das Leis do Trabalho, deve ser interpretada de forma a não violar direitos fundamentais.

A avaliação da adequação da medida inicia-se, segundo Virgílio Afonso da Silva, com a indagação: "A medida adotada é adequada para fomentar a realização do objetivo perseguido?"(79).

Para este estudo, o questionamento seria assim especificado: "A limitação da análise das normas coletivas pelo Poder Judiciário é adequada para fomentar a realização do objetivo perseguido?"

A doutrina de Jane Reis Pereira é no mesmo sentido:

> A idoneidade ou adequação exige que toda restrição aos direitos fundamentais seja idônea para o atendimento de um fim constitucionalmente legítimo. É imperioso, assim, que a restrição ao direito atenda a dois requisitos: em primeiro lugar, que vise a atingir um fim constitucionalmente legítimo e, em segundo lugar, que consubstancie um meio instrumentalmente adequado à obtenção desse fim(80).

---

(78) PEREIRA, Jane Reis. *Interpretação constitucional e direitos fundamentais.* São Paulo: Saraiva, 2017. Disponível em: https://integrada.minhabiblioteca.com.br/#/books/9788553600281/. Acesso em: 30 mar. 2022. p. 310.

(79) SILVA, Virgílio Afonso da. *Direito constitucional brasileiro.* São Paulo: Edusp, 2021. p. 121.

(80) PEREIRA, Jane Reis G. *Interpretação constitucional e direitos fundamentais.* São Paulo: Saraiva, 2017. Disponível em: https://integrada.minhabiblioteca.com.br/#/books/9788553600281/. Acesso em: 30 mar. 2022. p. 429.

Para responder ao questionamento, primeiramente, é preciso conhecer o objetivo perseguido pelo art. 8º, § 3º, da Consolidação das Leis do Trabalho.

Os objetivos do texto legal podem ser identificados a partir do entendimento de que a Constituição Federal de 1988 trouxe um novo modelo a ser seguido para os direitos trabalhistas. Nesse contexto, a institucionalização do direito do trabalho no Brasil teve como marco temporal o período político de 1930 a 1945, marcado pelo autoritarismo e pelo protagonismo do Estado no controle das relações sociais e trabalhistas.

A partir da Constituição Federal de 1988, é possível enxergar uma nova forma de regulamentação trabalhista, típica de um Estado Democrático de Direito e de forma antagônica ao período que vigorou até então.

Nesse sentido, o Ministro do Supremo Tribunal Federal Luís Roberto Barroso:

> A transição do modelo corporativo-autoritário, essencialmente heterônomo, para um modelo justrabalhista mais democrático e autônomo tem por marco a Carta de 1988. A Constituição reconheceu as convenções e os acordos coletivos como instrumentos legítimos de prevenção e de autocomposição de conflitos trabalhistas; tornou explícita a possibilidade de utilização desses instrumentos, inclusive para a redução de direitos trabalhistas; atribuiu ao sindicato a representação da categoria; impôs a participação dos sindicatos nas negociações coletivas; e assegurou, em alguma medida, a liberdade sindical, vedando a prévia autorização do Estado para a fundação do sindicato, proibindo a intervenção do Poder Público em tal agremiação, estabelecendo a liberdade de filiação e vedando a dispensa do diretor, do representante sindical ou do candidato a tais cargos. Nota-se, assim, que a Constituição prestigiou a negociação coletiva, bem como a autocomposição dos conflitos trabalhistas, através dos sindicatos[(81)].

Neste aspecto, o objetivo perseguido pelo art. 8º, § 3º, da Consolidação das Leis do Trabalho, pode ser definido, justamente, como prestigiar a negociação coletiva (art. 7º, XXVI, da CF/1988), tal e qual foi idealizada pelo constituinte originário, em consonância com o Estado Democrático de Direito.

Arnaldo Süssekind[(82)] cita a Declaração da Filadélfia sobre os objetivos e propósitos da OIT, que prescreve a competência de "fomentar em todas as nações programas que permitam lograr o reconhecimento efetivo do direito de negociação coletiva" (item III, alínea *e*).

---

(81) TRIBUNAL SUPERIOR DO TRABALHO. O direito coletivo do Trabalho no Supremo Tribunal Federal: planos de demissão incentivada e autonomia da vontade — um estudo de caso. *Revista do TST*, São Paulo, v. 84, n. 2, abr.-jun. 2018.. p. 19-42

(82) SÜSSEKIND, Arnaldo. *Direito constitucional do trabalho*. Rio de Janeiro: Renovar, 1999.

O fomento à negociação coletiva, inclusive, é indicado pelo art. 4º da Convenção n. 98 da OIT:

> Deverão ser tomadas, se necessário for, medidas apropriadas às condições nacionais, para fomentar e promover o pleno desenvolvimento e utilização dos meios de negociação voluntária entre empregadores ou organizações de empregadores e organizações de trabalhadores com o objetivo de regular, por meio de convenções, os termos e condições de emprego.

Nos mesmos termos é a previsão da Convenção n. 154 da OIT, ratificada pelo Brasil em 1992, que trata das medidas de estímulo à negociação coletiva, em especial os arts. 7º e 8º da Convenção:

> Art. 7º As medidas adotadas pelas autoridades públicas para estimular o desenvolvimento da negociação coletiva deverão ser objeto de consultas prévias e, quando possível, de acordos entre as autoridades públicas e as organizações patronais e as de trabalhadores.
>
> Art. 8º As medidas previstas com o fito de estimular a negociação coletiva não deverão ser concebidas ou aplicadas de modo a obstruir a liberdade de negociação coletiva(83).

O exercício da negociação coletiva como forma de melhorar as condições de vida também é ressaltado na doutrina:

> O comitê de liberdade sindical da OIT tem sempre sustentado que o direito de negociação coletiva das organizações de empregadores e de trabalhadores, com referência às condições de trabalho, é um elemento essencial da liberdade sindical, e que os sindicatos deveriam ter o direito — mediante a negociação coletiva e por outros meios lícitos — de melhorar as condições de vida e de trabalho daqueles que representam. **Além disso, o comitê considera que as autoridades públicas deveriam abster-se de qualquer forma que possa cercear esse direito ou dificultar seu legítimo exercício: semelhante introdução violaria o princípio de que as organizações de trabalhadores e de empregadores devem ter o direito de organizar suas atividades e formular seu programa de ação com total liberdade.** Ademais, o comitê atribui muita importância ao princípio de que tanto os empregadores como os sindicatos devem negociar de boa-fé e fazer esforços para chegarem a um acordo(84) (grifos nossos).

---

(83) OIT. *Convenção 154 da OIT*. Disponível em: https://www.ilo.org/brasilia/convencoes/WCMS_236162/lang--pt/index.htm. Acesso em: 16 dez. 2022.

(84) SANTOS, Enoque Ribeiro dos. *Negociação coletiva de trabalho*. 3. ed. São Paulo: Grupo GEN, 2018. p. 102.

Para a doutrina, o processo implica em exercício da democracia:

> A negociação coletiva de trabalho pode ser singelamente definida como o processo democrático de autocomposição de interesses pelos próprios atores sociais, objetivando a fixação de condições de trabalho aplicáveis a uma coletividade de empregados de determinada empresa ou de toda uma categoria econômica e a regulação entre as entidades estipulantes[85].

Sob esse prisma, a redação do art. 8º, § 3º, da Consolidação das Leis do Trabalho, tem por objetivo a garantia de um direito fundamental, qual seja, o reconhecimento das convenções e acordos coletivos de trabalho (art. 7º, XXVI, da CF/1988 e Convenções Internacionais da OIT). Associam-se a esse objetivo outros aspectos igualmente importantes, como fazer valer a autonomia privada coletiva e conferir segurança jurídica ao produto emanado dessa autonomia privada coletiva, de forma que o que fora ajustado entre as partes seria respeitado e passaria a integrar o ordenamento jurídico-trabalhista.

Portanto, no primeiro passo do teste de proporcionalidade é possível responder afirmativamente à adequação da medida — restrição da revisão judicial das normas coletivas — como instrumento para se alcançar o objetivo perseguido de fomentar e reconhecer normas coletivas, como parte do Estado Democrático de Direito, que é fundamento da CF/1988 (art. 1º).

No segundo passo do teste de proporcionalidade, indaga-se se haveria alguma medida alternativa àquela do art. 8º, § 3º, da Consolidação das Leis do Trabalho, tão eficiente quanto ela para fomentar o objetivo perseguido e que, simultaneamente, restrinja menos o direito fundamental atingido.

Segundo Virgílio Afonso da Silva,

> Nesse sentido, suponha que o Estado lance mão da medida M1, que restringe o direito fundamental D, para promover o objetivo O. Se houver uma medida M2 que, tanto quanto M1, seja adequada para promover com igual eficiência o objetivo O, mas limite o direito fundamental D em menor intensidade, então a medida M1, adotada pelo Estado, não é necessária. O exame de necessidade, portanto, envolve uma comparação da medida adotada pela lei com medidas alternativas para se alcançar o mesmo fim[86].

---

(85) TEIXEIRA FILHO, João de Lima. *Instituições de direito do trabalho*. São Paulo: LTr, 1995. p. 1.131.

(86) SILVA, Virgílio Afonso da. *Direito constitucional brasileiro*. São Paulo: Edusp, 2021. p. 121.

No caso em particular, para fomentar a negociação coletiva, restringiu-se a atuação do Poder Judiciário ao julgar casos envolvendo a aplicação e a interpretação de normas coletivas, o que pode ser interpretado, ao menos inicialmente, como uma restrição ao acesso à justiça. Mais que isso, na medida em que se impõe a restrição da atuação do Poder Judiciário nas normas coletivas, restringe-se, potencialmente, qualquer direito fundamental porventura violado na norma coletiva que o Poder Judiciário deixa de garantir por força do art. 8º, § 3º, da Consolidação das Leis do Trabalho.

Logo, em termos de direitos fundamentais teoricamente restringidos pelo art. 8º, § 3º, da Consolidação das Leis do Trabalho, não se deve considerar apenas o direito fundamental de acesso à justiça, que será mais adiante enfrentado, mas todos os direitos fundamentais associados às cláusulas da norma coletiva que o Poder Judiciário deixa de invalidar ou anular ou afastar sua aplicação por força do art. 8º, § 3º, da Consolidação das Leis do Trabalho, por exemplo, o direito às férias, à jornada limitada de trabalho ou ao salário.

Portanto, ao se refletir sobre o modelo proposto por Virgílio Afonso da Silva, interpreta-se que o Estado lançou mão da previsão do art. 8º, § 3º, da Consolidação das Leis do Trabalho, que impõe restrições à atuação do Poder Judiciário na análise das normas coletivas (M1), visando alcançar os objetivos de fomento às negociações coletivas e de conferir maior segurança jurídica ao produto fruto da autonomia privada coletiva (O) mediante restrição do direito de acesso à Justiça (D), de maneira ampla, e restrição de direitos fundamentais específicos dos trabalhadores, a depender do conteúdo da cláusula que o Poder Judiciário deixa de analisar (D).

Ao considerar os aspectos indicados nas seções anteriores deste estudo, prestigiar a autonomia privada coletiva impõe, necessariamente, restringir o papel do Estado em relação a esses negócios jurídicos. É disso que trata a transição de um modelo estatal autoritário para um modelo democrático, em que vigoram não apenas normas heterônomas, mas também autônomas. E não se percebe outra medida capaz de cumprir esses objetivos sem impor limitação equivalente à atuação do Poder Judiciário. Por isso, para os fins a que se destina, a medida é necessária. Mas, em razão de poder restringir outros direitos fundamentais, a depender do conteúdo da cláusula da norma coletiva, é certo que este segundo passo do teste de proporcionalidade somente poderá ser integralmente avaliado e cumprido no caso concreto.

O último passo do teste de proporcionalidade seria a proporcionalidade em sentido estrito para então avaliar se o art. 8º, § 3º, da Consolidação das Leis do Trabalho, sendo adequado e necessário, se justifica pelo grau de realização do direito fundamental concorrente.

Virgílio Afonso da Silva[87] esclarece que esse sopesamento da proporcionalidade em sentido estrito tem a função principal de evitar que medidas estatais, como o art. 8º, § 3º, da Consolidação das Leis do Trabalho, "embora adequadas e necessárias, restrinjam direitos fundamentais além daquilo que a realização do objetivo perseguido seja capaz de justificar". A maior crítica ao critério de sopesamento é o seu alto grau de subjetividade, aspecto enfrentado pelo autor sob a seguinte argumentação:

> Não existe uma escala por meio da qual se possam mensurar valores tão díspares quanto vida, liberdade, igualdade, privacidade, propriedade, dentre outros. Daí não decorre que seja impossível comparar graus de restrição e de realização desses direitos. A influência de fatores subjetivos nessa operação é similar àquela que ocorre em qualquer outra forma de interpretação e aplicação do direito. Em todos os casos, sempre haverá argumentos bons e ruins. Sopesar não significa argumentar com base em preferências, individuais ou de grupos, mas com base em uma comparação fundamentada entre graus de restrição e realização. Aquelas são subjetivas e incontroláveis, esta, não[88].

A proporcionalidade em sentido estrito, de fato, representa o passo mais difícil a ser cumprido no teste de proporcionalidade, especialmente porque impõe ao intérprete, necessariamente, sopesar direitos fundamentais em conflito. Embora seja sabido que os direitos fundamentais, em sua maioria, não são absolutos, a escolha por priorizar um ou outro em determinado contexto é matéria complexa.

E, na particular análise do art. 8º, § 3º, da Consolidação das Leis do Trabalho, nota-se que a proporcionalidade em sentido estrito também deve ser analisada a depender de cada cláusula da norma coletiva sob análise judicial. Não basta concluir que é razoável ou proporcional restringir em certa medida o acesso à justiça — que não é esvaziado pelo art. 8º, § 3º, da Consolidação das Leis do Trabalho, já que todas as demais formas de realização desse direito são preservadas, como é o acesso à justiça em caso de descumprimento pela outra parte dos termos da norma coletiva — em preferência ao fomento da negociação coletiva. A análise a ser feita dependerá do direito fundamental em julgamento em cada norma coletiva, este sim objeto a ser contraposto ao fomento das normas coletivas.

Sobre o tema e as dificuldades do sopesamento, Jane Reis Pereira explica que, em alguns casos, é preciso considerar a vontade legislativa:

---

(87) SILVA, Virgílio Afonso da. *Direito constitucional brasileiro*. São Paulo: Edusp, 2021. p. 122.

(88) SILVA, Virgílio Afonso da. *Direito constitucional brasileiro*. São Paulo: Edusp, 2021. p. 122.

> É possível haver empates na ponderação, porquanto há hipóteses em que a importância da restrição ao direito e a da realização do princípio que a justifica são equivalentes. Ademais, nem sempre é possível comparar as duas grandezas em jogo com segurança e precisão. Isso implica reconhecer a existência de uma "margem para a ponderação". O significado dessa margem é que, no caso de equivalência entre as razões contrapostas ou no caso de dúvida, a jurisdição deve, em princípio, abster-se de desconstituir as decisões do Parlamento. Todavia, não cabe afirmar que, em todo caso de imprecisão ou dúvida, a intervenção legislativa deve preponderar. Tampouco convém adotar a solução oposta, aplicando-se irrestritamente o princípio do *favor libertatis*. A solução constitucionalmente legítima, nesses casos, consiste em promover uma ponderação entre o direito fundamental restringido e o princípio da liberdade da ação do legislador(89).

Além disso, Daniel Sarmento pondera sobre o sopesamento de direitos fundamentais:

> Um dos parâmetros importantes nesta questão liga-se ao grau de desigualdade fática entre as partes da relação jurídica. A assimetria de poder numa determinada relação tende a comprometer o exercício da autonomia privada da parte mais fraca, expondo a um risco maior seus direitos fundamentais. Por isso, quanto mais a relação for assimétrica, maior será a vinculação da parte mais forte ao direito fundamental em jogo, e menor a tutela da autonomia privada. Sem embargo, mesmo nas relações tendencialmente iguais, os direitos fundamentais incidem, para impor um mínimo de respeito à dignidade da pessoa humana, que é irrenunciável(90).

Essa desigualdade fática apta a mitigar os efeitos da autonomia de vontade existe, indiscutivelmente, nas relações individuais de trabalho. Mas, nas relações coletivas de trabalho, é preciso ponderar os demais aspectos envolvidos no tema, como se fará mais adiante.

---

(89) PEREIRA, Jane Reis. *Interpretação constitucional e direitos fundamentais*. São Paulo: Saraiva, 2017. Disponível em: https://integrada.minhabiblioteca.com.br/#/books/9788553600281/. Acesso em: 30 mar. 2022. p. 430-431.

(90) SARMENTO, Daniel. *Direitos fundamentais e relações privadas*. 2. ed. Rio de Janeiro: Lumen Juris, 2010. p. 351.

Segundo Daniel Sarmento[91], se por um lado é certo que os direitos fundamentais incidem não só nas relações entre Estado e particulares, por outro, é difícil para o aplicador do direito encontrar a medida dessa incidência nas relações entre particulares, visto que ambas as partes detêm direitos fundamentais:

> A incidência dos direitos fundamentais nas relações privadas é uma necessidade que poucos contestam. Todavia, a forma e a intensidade da vinculação dos particulares aos direitos fundamentais não podem ser idênticas à do Estado, já que os atores privados são também titulares de direitos fundamentais, e se beneficiam da proteção conferida à sua autonomia. A extensão incondicionada dos direitos fundamentais ao campo privado poderia gerar efeitos opostos aos pretendidos, revelando-se liberticida. A multiplicação de deveres constitucionais, correlatos aos direitos, asfixiaria a espontaneidade das relações humanas, confiscando da pessoa o espaço mínimo de autodeterminação de que é titular, o qual não deve ser ameaçado numa ordem constitucional democrática, preocupada primordialmente com a garantia e a promoção da dignidade da pessoa humana[92].

No caso das normas coletivas com cláusulas que limitem, restrinjam ou flexibilizem direitos fundamentais, é preciso considerar que a desigualdade fática entre empregado e empregador é balanceada pela presença do sindicato. Sendo partes iguais, não se pode perder de vista o objetivo de garantir eficácia aos direitos fundamentais do empregado nas relações privadas, sem se esquecer de que o empregador também é titular de direitos fundamentais. É certo que os direitos fundamentais do empregador são relativizados neste contexto, especialmente porque a proteção maior na promoção de direitos fundamentais é a dignidade da pessoa humana (e não do empregador), todavia, não devem ser completamente abandonados, pois os direitos fundamentais, de forma geral, interessam à sociedade como forma de exercício do Estado Democrático de Direito, tal como a segurança jurídica e o próprio reconhecimento das normas coletivas.

Como exemplo, aplicando a teoria de sopesamento indicada por Virgílio Afonso da Silva e considerando dois direitos fundamentais em suposto conflito, analisa-se a norma coletiva firmada entre o Sindicato dos Trabalhadores

---

(91) SARMENTO, Daniel. *Direitos fundamentais e relações privadas*. 2. ed. Rio de Janeiro: Lumen Juris, 2010. p. 348.

(92) SARMENTO, Daniel. *Direitos fundamentais e relações privadas*. 2. ed. Rio de Janeiro: Lumen Juris, 2010. p. 348.

em Hotéis, Apart Hotéis, Motéis, Flats, Pensões, Hospedarias, Pousadas, Restaurante, Churrascaria, Cantinas, Pizzarias, Bares, Lanchonetes, Sorveteria, Confeitarias, Docerias, Buffets, Fast-Foods e Assemelhados de São Paulo e Região (Sinthoresp) e a categoria econômica dos hotéis, restaurantes, bares e similares para o ano de 2020, durante o período da pandemia de Covid-19, cuja cláusula 5ª prevê o seguinte:

Figura 1 — *Trecho da norma coletiva firmada entre as partes*

As partes ora signatárias, de um lado, representando a categoria profissional, o **SINTHORESP** - Sindicato dos Trabalhadores em Hotéis, Apart Hotéis, Motéis, Flats, Pensões, Hospedarias, Pousadas, Restaurantes, Churrascarias, Cantinas, Pizzarias, Bares, Lanchonetes, Sorveterias, Confeitarias, Docerias, Buffets, Fast-Foods e Assemelhados de São Paulo e Região (CNPJ 62.657.168/0001-21), e de outro lado, como representantes da categoria econômica, o **SINDHOTÉIS-SP** - Sindicato de Hotéis e Meios de Hospedagem de São Paulo (CNPJ 62.648.209/0001-13), o **SINDRESBAR** - Sindicato de Restaurantes, Bares e Similares de São Paulo (CNPJ nº 17.090.637/0001-19), a **FHORESP** - Federação de Hotéis, Restaurantes, Bares e Similares do Estado de São Paulo (CNPJ 58.109.471/0001-12), e a **CNTUR** - Confederação Nacional de Turismo (CNPJ 03.992.700/0001-06), por meio de seus presidentes, e em função de suas bases territoriais e respectivas representações, e

CLÁUSULA 5ª. DA FORMA DA CONCESSÃO DAS FÉRIAS

Observado o prazo a que se refere a cláusula 4ª, caput, alínea "a", e parágrafo 1º, as férias a serem concedidas aos empregados, individual ou coletivamente, serão calculadas em seus valores efetivamente devidos, incluindo o terço constitucional, e pagas em até 4 (quatro) parcelas mensais e consecutivas, com o vencimento da primeira em até 30 dias após o início das férias.

Fonte: Reprodução do contrato original.

A cláusula prevê dois aspectos que merecem discussão: (i) pagamento de férias parcelado em 4 vezes; e (ii) vencimento da primeira parcela 30 dias após o início das férias, ou seja, as férias seriam pagas após o trabalhador usufruir do seu período de descanso.

Inicialmente, ressalta-se que o momento do pagamento das férias é matéria tratada por lei, conforme o art. 145 da Consolidação das Leis do Trabalho, que prevê o pagamento da remuneração de férias com 1/3 de acréscimo em até dois dias antes do seu início.

Neste ponto, convém mencionar recente decisão do Supremo Tribunal Federal na ADPF 501[(93)], de Relatoria do Ministro Alexandre de Moraes, que

(93) BRASIL. *Supremo Tribunal Federal.* Arguição de Descumprimento de Preceito Fundamental 501. Santa Catarina. Rel. Min. Alexandre de Moraes, j. 08-08-2022. Disponível em:

julgou procedente a ADPF para declarar a inconstitucionalidade da Súmula n. 450 do Tribunal Superior do Trabalho, sob o fundamento principal de que a lei não prevê o pagamento em dobro de férias caso não sejam quitadas no prazo legal (art. 145 da Consolidação das Leis do Trabalho) e que o Poder Judiciário não poderia prever essa penalidade, sob pena de ofender a separação de Poderes, especialmente quando a lei já prevê a penalidade específica para o descumprimento, nos termos do art. 153 da CLT (penalidade administrativa):

> Tendo por parâmetros hermenêuticos esses núcleos axiológicos extraídos da Constituição Federal — separação de poderes e sistema de freios e contrapesos —, conclui-se que, nada obstante seja imprescindível a concretização dos direitos sociais previstos na Constituição Federal, o propósito de proteger o trabalhador não pode exponenciar-se a ponto de originar sanções jurídicas não previstas na legislação vigente, ante a impossibilidade de o Judiciário atuar como legislador positivo.

A decisão mencionada acima não afasta a natureza de direito fundamental das férias, ao contrário, o ressalta ao mencionar "direitos sociais", mas afasta a constitucionalidade da Súmula 450 do Tribunal Superior do Trabalho por criar penalidade não prevista em lei, em ofensa à separação de Poderes. Portanto, a decisão em nada afeta a análise a que ora se propõe, a qual independe da previsão legal, mas depende do quanto ajustado entre as partes em negociação coletiva.

Os arts. 611-A e 611-B, que se propõem a regular as matérias permitidas ou não à negociação coletiva, não tratam exatamente dessa matéria. O art. 611-B, XII, prevê apenas que constitui objeto ilícito de norma coletiva a supressão ou redução do direito a férias anuais remuneradas com acréscimo de 1/3. A cláusula em análise, porém, conserva o direito a férias anuais e com pagamento, mas altera o momento do pagamento previsto na lei. De plano, não há violação ao art. 611-B, XII.

Em uma análise da cláusula acima descolada dos direitos fundamentais, seria possível concluir que a norma coletiva, desde que firmada nos termos do art. 104 do Código Civil de 2002, seria válida e não poderia ser invalidada nem anulada pelo Poder Judiciário, já que o art. 611-A prevê rol exemplificativo de direitos que podem ser negociados coletivamente.

---

https://portal.stf.jus.br/processos/downloadPeca.asp?id=15352760759&ext=.pdf. Acesso em: 22 nov. 2022; Processo n. 001478582.2017.1.00.0000, j. 08.08.2022.

Porém, ao se abordar o assunto sob a ótica dos direitos fundamentais, superadas as análises de necessidade e adequação, vencidas conforme os esclarecimentos acima, no passo da proporcionalidade em sentido estrito, é preciso avaliar o direito fundamental específico e o quanto o objetivo perseguido pela norma impõe a sua limitação.

A cláusula indicada parece ser destinada a balancear as obrigações trabalhistas das empresas da categoria econômica em cenário de circunstâncias extraordinárias que atingiu especialmente o setor em referência, qual seja, a pandemia de Covid-19. De um lado, permitindo melhor planejamento financeiro às empresas e fluxo de caixa com o parcelamento das férias e, de outro, garantindo aos trabalhadores a manutenção de seus postos de trabalho, o gozo e o recebimento das férias.

O direito fundamental atingido neste caso específico, que se contrapõe ao objetivo maior do art. 8º, § 3º, da Consolidação das Leis do Trabalho, de fomentar a negociação coletiva, seria aquele previsto no art. 7º, XVII, da CF/1988, de "gozo de férias anuais remuneradas com, pelo menos, um terço a mais do que o salário normal".

Importante esclarecer que, embora o art. 7º, XVII, da CF/1988, tenha a mesma redação do art. 611-B, XII, da Consolidação das Leis do Trabalho, é certo que sua análise como direito fundamental impõe uma avaliação ampla do direito, a garantia de usufruir férias remuneradas. Esse é o entendimento de Virgílio Afonso da Silva[94].

Na análise da proporcionalidade em sentido estrito, é preciso responder ao seguinte questionamento: considerando adequada e necessária a preservação de norma coletiva que negocie o pagamento de férias como forma de fomentar a autonomia de vontade das partes envolvidas e a adequação da realidade de cada categoria profissional, a norma coletiva em análise restringe direitos fundamentais "além daquilo que a realização do objetivo perseguido seja capaz de justificar", conforme ensina Virgílio Afonso da Silva?

O direito fundamental restringido é o direito a férias anuais remuneradas. Há severa restrição a esse direito na cláusula em análise na medida em que o trabalhador usufrui período de férias, mas só recebe o valor correspondente 30 dias depois e de forma parcelada. Ou seja, há descanso, mas não é remunerado no momento do seu gozo, o que limita viagens, comemorações e entretenimento.

---

(94) SILVA, Virgílio Afonso da. *Direito constitucional brasileiro*. São Paulo: Edusp, 2021. p. 102-103.

Neste ponto, embora a medida do art. 8º, § 3º, da Consolidação das Leis do Trabalho seja adequada e necessária neste caso, não há proporcionalidade em sentido estrito quando se analisa a limitação imposta ao direito às férias em comparação ao objetivo perseguido de fomentar a negociação coletiva e a autonomia privada coletiva. Ao se adotar a doutrina de Jane Reis Pereira[95] e colocar em "equação os ônus e as vantagens que defluem da tutela total ou parcial de cada um dos bens jurídicos em conflito", é certo que há limitação excessiva do direito fundamental às férias remuneradas que, nos termos da norma coletiva, deixam de ser remuneradas de forma simultânea ao descanso.

Ainda, como exemplo e análise do teste de proporcionalidade esclarecido, cita-se a norma coletiva firmada entre o Sindicato dos Empregados em Empresas de Processamento de Dados, Informática e Similares de Joinville e Região e o Sindicato das Empresas de Processamento de Dados e Informática de Joinville, com vigência 2022/2023, que prevê a obrigatoriedade de as empresas fornecerem dados pessoais de seus empregados ao sindicato (cláusula 7ª, § 3º), da seguinte forma:

> Até o dia 1º de março de cada ano, as empresas enviarão ao Sindicato laboral, para fins estatísticos e de forma anonimizada, em observação à Lei 13.709/2018, relatório contendo as seguintes informações: gênero, idade do empregado, cargo e salário vigente no mês de emissão do relatório, data de admissão e, se for o caso, data de demissão. Em separado e sem vinculação com o primeiro relatório, as empresas enviarão ao Sindicato laboral, no mesmo prazo, uma lista simples contendo nome completo e e-mail corporativo de seus empregados.

Referida cláusula requer a análise de compatibilidade da obrigação de se fornecer dados pessoais com os direitos fundamentais de privacidade e intimidade assegurados pelo art. 5º, X, da Constituição Federal de 1988.

Como já abordado, os direitos de privacidade do empregado não constam do rol supostamente exaustivo do art. 611-B da Consolidação das Leis do Trabalho. Porém, não por isso devem ser ignorados no teste de compatibilidade, pois o rol não é, na verdade, exaustivo. Dessa forma, não existe impedimento para que outros direitos não previstos no art. 611-B sejam defesos à negociação coletiva por se tratar de direitos fundamentais — mesmo

---

(95) PEREIRA, Jane Reis. *Interpretação constitucional e direitos fundamentais*. São Paulo: Saraiva, 2018. Disponível em: https://integrada.minhabiblioteca.com.br/#/books/9788553600281/. Acesso em: 30 mar. 2022.

fora do rol do art. 7º da Constituição Federal de 1988 — como é o caso dos direitos à privacidade e da proteção à maternidade.

Nesse contexto, convém analisar se a previsão acima estaria de acordo com os direitos fundamentais do art. 5º, X, da Constituição Federal de 1988 ou se, ao contrário, violaria esses direitos a ponto de desafiar a intervenção judiciária.

Os critérios de necessidade e de adequação estão preenchidos na medida em que a negociação coletiva acerca desses direitos é necessária para permitir ao sindicato o cumprimento de direitos trabalhistas pelas empresas representadas pelo sindicato patronal, como o pagamento do salário mínimo convencional, a contratação de empregados maiores de idade nos termos da lei e eventuais desigualdades salariais em mesmos cargos que pudessem representar violação de regras de equiparação salarial.

Neste particular, há adequação também nos termos da garantia de outro direito fundamental, qual seja, de que a defesa dos direitos e interesses coletivos ou individuais da categoria, inclusive em questões judiciais e administrativas, seja realizada pelo sindicato da categoria (art. 8º, III, da Constituição Federal de 1988).

Ao se analisar a proporcionalidade em sentido estrito, é preciso responder ao seguinte questionamento: Considerando adequado e necessário o repasse de dados dos empregados ao sindicato da categoria para fiscalizar o cumprimento de obrigações legais e convencionais, a norma coletiva em análise restringe direitos fundamentais "além daquilo que a realização do objetivo perseguido seja capaz de justificar", conforme ensina Virgílio Afonso da Silva?

Neste caso, a resposta parece ser negativa, na medida em que a previsão da norma coletiva não parece ultrapassar os limites do que se justifica para permitir a atuação sindical. Primeiramente, porque os dados solicitados são pertinentes à verificação de cumprimento de obrigações trabalhistas (salário, admissão, cargo etc.). Não há, por exemplo, dados de telefone, CPF e endereço dos empregados, esses sim, injustificáveis. Há previsão de compartilhamento de dados de nome e endereço de *e-mail* para contato pelo sindicato — o endereço de *e-mail* corporativo é de propriedade da empresa, diversamente do endereço de *e-mail* pessoal do empregado.

Além disso, os dados solicitados devem ser compartilhados de forma anonimizada, sem vinculação à listagem com nomes e endereços de *e-mail*. Há clara intenção de se obter o mínimo possível de informações para cumprir o objetivo perseguido, de verificar o cumprimento das obrigações legais e convencionais pela empresa. Nesse caso, entende-se que a intervenção do

Poder Judiciário estaria vedada pelo art. 8º, § 3º, da Consolidação das Leis do Trabalho.

Portanto, há previsões em normas coletivas cuja análise não se completa com a observância, ou não, dos arts. 611-A ou 611-B da Consolidação das Leis do Trabalho. A avaliação a ser feita é mais complexa e requer do Poder Judiciário identificar o direito fundamental dos envolvidos, a intenção das partes contida na previsão normativa e a sua proporcionalidade ou não com os direitos fundamentais porventura ou aparentemente violados.

6.3. CONTEÚDO ESSENCIAL DOS DIREITOS FUNDAMENTAIS

Junto ao princípio da proporcionalidade, há na doutrina o princípio da proteção ao núcleo essencial, pelo qual a lei não pode limitar determinado direito fundamental a ponto de afetar seu conteúdo mínimo ou essencial(96).

Ana Maria Dávila Lopes(97) ensina sobre o conteúdo essencial dos direitos fundamentais que o conceito ainda é pouco difundido na doutrina brasileira, mas encontra respaldo, sobretudo, nos ordenamentos alemão (no qual o princípio do respeito ao conteúdo essencial está positivado na Constituição) e espanhol (que contém como referência uma limitação à atuação legislativa sobre direitos fundamentais). A autora defende ainda a aplicação do conceito:

> Finalmente, é importante ter presente que, ainda que a garantia do conteúdo essencial tenha surgido basicamente para limitar os abusos normativos da atividade reguladora do legislador ordinário, isso não impede, senão exige, que o alcance da garantia atue também em todas as fases da aplicação dos direitos fundamentais, na medida em que constitui o "limite dos limites" ou, como no direito alemão é referida, "limita a possibilidade de limitar", isto é, assinala o limite que indica onde já não é mais possível atividade limitadora ou reguladora dos direitos fundamentais, qualquer que seja a natureza dessa atividade, legislativa ou jurisprudencial(98).

---

(96) MARMELSTEIN, George. *Curso de direitos fundamentais*. 8. ed. São Paulo: Grupo GEN, 2019. Disponível em: https://integrada.minhabiblioteca.com.br/#/books/9788597021097/. Acesso em: 3 fev. 2022. p. 402.

(97) LOPES, Ana Maria Dávila. O conteúdo essencial dos direitos fundamentais no direito comparado. *Revista do Curso de Mestrado em Direito da UFC*, 2005.

(98) LOPES, Ana Maria Dávila. O conteúdo essencial dos direitos fundamentais no direito comparado. *Revista do Curso de Mestrado em Direito da UFC*, 2005. p. 106.

Jane Reis Pereira[99] aborda duas teorias sobre o que seria o conteúdo essencial de um direito fundamental. A teoria relativa indica que a proteção ao conteúdo essencial não seria "uma barreira autônoma à atividade legislativa, mas sim como um reforço da exigência de proporcionalidade das restrições". Segundo essa teoria, a proteção do conteúdo essencial exigiria que eventual restrição a um direito fundamental fosse justificada com base no princípio da proporcionalidade. Não é possível determinar de antemão, e abstratamente, o conteúdo essencial de um direito normativo.

Por outro lado, pela teoria absoluta, o conteúdo essencial seria estático e abstratamente delimitável, de forma que cada direito fundamental teria uma parte essencial, que não poderia ser restringida, e uma parte não essencial, passível de limitações. Segundo Jane Reis Pereira, "a teoria absoluta, diversamente da relativa, não adota uma visão relacional e dinâmica da garantia do conteúdo essencial, entendendo-a como um reduto estático e incondicional que não pode, sob nenhum fundamento, ser ultrapassado"[100].

Como as duas teorias são passíveis de críticas, a autora indica uma terceira teoria, mista:

> Nesse sentido, fala-se na existência de uma dupla barreira à atividade legislativa: de um lado, haveria um núcleo absoluto e intangível do direito, infranqueável à ação legislativa e, de outro, as restrições operadas sobre a parcela periférica do direito devem atender ao princípio da proporcionalidade, já que "a existência de uma restrição arbitrária, desproporcionada, é um índice relativamente seguro da ofensa de um núcleo essencial". A parte não essencial do direito pode ser limitada pelo legislador, observado o princípio da proporcionalidade, enquanto a parte essencial se mostra imune à ação legislativa[101].

Para Jane Reis Pereira, a teoria mista nada mais faz do que combinar partes das teorias relativa e absoluta, esbarrando nas mesmas críticas já atribuídas a cada uma delas. Assim, a teoria relativa seria melhor aplicada na medida em que a absoluta não é capaz de trazer concretude para seu

(99) PEREIRA, Jane Reis. *Interpretação constitucional e direitos fundamentais*. São Paulo: Saraiva, 2018. Disponível em: https://integrada.minhabiblioteca.com.br/#/books/9788553600281/. Acesso em: 30 mar. 2022.

(100) PEREIRA, Jane Reis. *Interpretação constitucional e direitos fundamentais*. São Paulo: Saraiva, 2018. Disponível em: https://integrada.minhabiblioteca.com.br/#/books/9788553600281/. Acesso em: 30 mar. 2022. p. 410.

(101) PEREIRA, Jane Reis. *Interpretação constitucional e direitos fundamentais*. São Paulo: Saraiva, 2018. Disponível em: https://integrada.minhabiblioteca.com.br/#/books/9788553600281/. Acesso em: 30 mar. 2022. p. 411.

conceito, ou seja, a teoria absoluta não consegue firmar quais seriam os critérios para se definir a parte essencial de um direito. Pondera, ainda, que, a partir da adoção da teoria relativa, a garantia de conteúdo essencial dos direitos fundamentais — positivada na Constituição Alemã — não teria "sentido normativo autônomo", pois acabaria por referir ao processo de interpretação de direitos fundamentais baseado na proporcionalidade.

> Assim, conquanto a adoção da teoria relativa não permita atribuir à noção de conteúdo essencial o *status* de pauta autônoma na limitação da atividade legislativa, é viável reconhecer que essa noção pode atuar como um instrumento argumentativo-retórico que joga a favor do direito no processo de ponderação, ou, nas palavras de Novais, como um elemento de sinalização da necessidade de preservar no direito fundamental, tanto quanto possível, um conteúdo essencial, ou seja, um mínimo de conteúdo objetivo e subjetivo, demarcado materialmente pelo princípio da dignidade da pessoa humana e, funcionalmente, pela natureza dos direitos fundamentais enquanto trunfos contra a maioria. A garantia do conteúdo essencial assim entendida pode, nesse sentido, constituir um fator complementar de limitação da restrição atuada e justificada com base numa ponderação de bens, através dessa exigência de preservação de uma posição jusfundamental mínima(102).
>
> Enfim, a ideia de conteúdo essencial pode ser identificada com algumas regras argumentativas insertas na aplicação do princípio da proporcionalidade em sentido estrito, as quais jogam como razões em favor da preservação dos direitos no processo de ponderação. Essa leitura é compatível com o sistema de direitos fundamentais estatuído na Constituição de 1988, podendo ser de grande valia no esforço de racionalização da jurisprudência nessa seara(103).

Nestes termos, a autora conclui que a garantia do núcleo essencial deve servir ao intérprete, não como propósito autônomo de interpretação, mas como "instrumento argumentativo retórico"(104) que o auxilia no processo de ponderação.

---

(102) PEREIRA, Jane Reis. *Interpretação constitucional e direitos fundamentais*. São Paulo: Saraiva, 20187. Disponível em: https://integrada.minhabiblioteca.com.br/#/books/9788553600281/. Acesso em: 30 mar. 2022. p. 417.

(103) PEREIRA, Jane Reis. *Interpretação constitucional e direitos fundamentais*. São Paulo: Saraiva, 2018. Disponível em: https://integrada.minhabiblioteca.com.br/#/books/9788553600281/. Acesso em: 30 mar. 2022. p. 419.

(104) PEREIRA, Jane Reis. *Interpretação constitucional e direitos fundamentais*. São Paulo: Saraiva, 2018. Disponível em: https://integrada.minhabiblioteca.com.br/#/books/9788553600281/. Acesso em: 30 mar. 2022. p. 432.

Para Luiz Guilherme Marinoni[105], não é possível definir previamente e em abstrato o núcleo essencial de um direito fundamental, visto que essa análise depende dos direitos fundamentais então restringidos e da sua relação com as circunstâncias e variáveis.

Ao tratar da proteção que merecem os direitos fundamentais, Luciano Martinez explica:

> Entende-se por conteúdo essencial de um direito fundamental o seu núcleo substancial, **em certa medida irrestringível, com a perda do qual se desnatura ou fenece**. Trata-se de uma categoria central da dogmática jurídico-constitucional que tem o objetivo de identificar o último espaço de proteção contra as leis e medidas intensamente restritivas em nome do qual se justificará qualquer ato de intervenção garantidora. **Violar o conteúdo essencial de um direito, então, implica torná-lo vazio, com pouca ou nenhuma efetividade**. Desse modo, como bem disse Ingo Sarlet, "a garantia de proteção do núcleo essencial dos direitos fundamentais aponta para a parcela do conteúdo de um direito sem a qual ele perde a sua mínima eficácia, deixando, com isso, de ser reconhecível como um direito fundamental"[106] (grifos nossos).

Luciano Martinez[107] indica a dificuldade de se identificar o núcleo essencial dos direitos fundamentais e invoca Virgílio Afonso da Silva para indicar as teorias absoluta e relativa, tal e qual trazidas por Jane Reis Pereira.

Sobre a teoria relativista, Luciano Martinez explica:

> A teoria relativista, assim, parece adaptar-se bem às casuísticas da liberdade sindical, uma vez que seu conteúdo — integrado naturalmente por tantos quantos sejam os direitos e faculdades capazes de identificar ou de fazer reconhecível o seu exercício — vale na justa medida em que não lhe seja contraposto um interesse de maior valor[108].

---

(105) SARLET, Ingo Wolfgang; MITIDIERO; Daniel; MARINONI, Luiz Guilherme. *Curso de direito constitucional*. São Paulo: Saraiva, 2020. Disponível em: https://integrada.minhabiblioteca.com.br/#/books/9788553619344. Acesso em: 13 abr. 2022.

(106) MARTINEZ, Luciano. *Curso de direito do trabalho*. São Paulo: Saraiva, 2020. Disponível em: https://integrada.minhabiblioteca.com.br/#/books/9788553618408/. Acesso em: 6 jan. 2022.

(107) MARTINEZ, Luciano. *Curso de direito do trabalho*. São Paulo: Saraiva, 2020. Disponível em: https://integrada.minhabiblioteca.com.br/#/books/9788553618408/. Acesso em: 6 jan. 2022.

(108) MARTINEZ, Luciano. *Curso de direito do trabalho*. São Paulo: Saraiva, 2020. Disponível em: https://integrada.minhabiblioteca.com.br/#/books/9788553618408/. Acesso em: 6 jan. 2022.

O enquadramento de determinados direitos trabalhistas como direitos fundamentais ou não, além da identificação de seu núcleo essencial, são pertinentes e interessam ao objeto deste estudo na medida em que contribuem para estabelecer a melhor interpretação do art. 8º, § 3º, da Consolidação das Leis do Trabalho.

Para os fins desse estudo, trata-se de análise relevante porque o art. 8º, § 3º, da Consolidação das Leis do Trabalho configura, ao menos na teoria e ainda que indiretamente, a limitação de direitos fundamentais. Num primeiro plano, é possível enfrentar a potencial violação a direitos fundamentais como o acesso à justiça, a dignidade da pessoa humana e o princípio do não retrocesso social, na medida em que proibiria a análise judicial de determinadas cláusulas de norma coletiva.

Em uma segunda análise, esse artigo ainda pode atuar como limitador de diversos outros direitos fundamentais, na medida em que, potencialmente, permite a sobrevivência de normas coletivas violadoras de direitos fundamentais, mas que, por não violarem o art. 104 do Código Civil de 2002, não poderiam ser declaradas nulas nem coibidas pelo Poder Judiciário.

E, neste processo de ponderação acerca da limitação de direitos fundamentais decorrente de previsão legislativa, o foco no núcleo essencial do direito fundamental restringido pode auxiliar o processo de interpretação e compreensão da previsão legal.

Retomando o exemplo de parcelamento do pagamento das férias, em caso de litígio envolvendo a norma coletiva, o entendimento de que a atuação do Poder Judiciário deve ser apenas de rever os aspectos formais da norma coletiva geraria, indiretamente, a potencial violação do direito fundamental às férias previsto no art. 7º, XVII, da Constituição Federal de 1988, de "gozo de férias anuais remuneradas com, pelo menos, um terço a mais do que o salário normal".

Ao se analisar o direito fundamental a férias remuneradas na tentativa de identificar qual seria seu conteúdo essencial a ser preservado, pertinente concluir que o que deve ser preservado é o direito do trabalhador de descansar, anualmente, sem prejuízo de sua remuneração, com o propósito de (i) evitar que o descanso anual se torne um problema ao empregado, o que ocorreria se deixasse de receber salários nesse período e (ii) permitir que, com a manutenção da remuneração, o trabalhador possa usufruir do lazer, de entretenimento e de viagens.

Com esse núcleo essencial sob enfoque, a análise do intérprete é conduzida ao entendimento de que remuneração paga após o período de férias, em 4 parcelas mensais, a primeira após 30 dias o período de férias, inibe completamente o propósito do direito fundamental a férias remuneradas, esvaziando-o. Na prática, significa dizer que, se aplicada a norma coletiva, o trabalhador usufrui de férias e, neste período, não recebe salários, pois não está trabalhando, nem recebe remuneração de férias, pois esta somente será paga após 30 dias. Logo, há nítido esvaziamento do direito fundamental de férias anuais remuneradas, muito embora a previsão legal não viole frontalmente os arts. 611-A e 611-B da Consolidação das Leis do Trabalho.

Ainda, há dois julgados da SDC que permitem aprofundar a análise do conteúdo dos direitos fundamentais para aplicação do art. 8º, § 3º, da Consolidação das Leis do Trabalho.

O primeiro deles refere-se a caso em que a Seção de Dissídio Coletivo decidiu que o parcelamento de verbas rescisórias é possível de ser acordado em norma coletiva(109), por não se tratar de matéria prevista no rol de matérias excluídas da negociação e porque o rol de matérias cabíveis de negociação é exemplificativo, não devendo o Poder Judiciário intervir nessa norma coletiva, sob pena de ofensa ao art. 8º, § 3º, da Consolidação das Leis do Trabalho.

Em outro acórdão, porém, também da SDC(110), decidiu-se que a norma coletiva não pode definir prazo maior para pagamento dos salários do que aquele previsto em lei (5º dia útil do mês subsequente, conforme art. 459, § 5º, da Consolidação das Leis do Trabalho).

Um dos fundamentos da decisão é de que a extensão do prazo para o pagamento dos salários seria objeto ilícito de norma coletiva porque o art. 611-B, VII, da Consolidação das Leis do Trabalho, veda a negociação de cláusula sobre a "proteção do salário na forma da lei, constituindo crime sua retenção dolosa" (exatamente a previsão do art. 7º, X, da CF/1988).

Porém, questiona-se: ao se entender que a previsão "proteção ao salário na forma da lei" inclui o prazo para pagamento do salário, não se deveria entender que tal proteção inclui também o prazo para pagamento das verbas rescisórias, cujo parcelamento foi permitido por meio de norma coletiva no acórdão citado neste exemplo?

A diferença de interpretação sobre matérias tão próximas, pela mesma Seção de Dissídio Coletivo do Tribunal Superior do Trabalho, com decisões proferidas em intervalo de aproximadamente 6 meses, demonstra a

---

(109) BRASIL. *Tribunal Superior do Trabalho*. ROT-303.04.2020.5.14.0000, Seção Especializada em Dissídios Coletivos, Rel. Min. Alexandre de Souza Agra Belmonte, Public 20.10.2022.

(110) BRASIL. *Tribunal Superior do Trabalho*. ROT-294-27.2019.5.23.0000, Seção Especializada em Dissídios Coletivos, Rel. Min. Mauricio Godinho Delgado, Public. 29.04.2022.

complexidade da matéria e a dificuldade de se estabelecer o verdadeiro conteúdo dos direitos fundamentais.

Não que se discorde das soluções encontradas pela Seção de Dissídio Coletivo nos casos acima. Inclusive, entende-se que elas podem, sim, coexistir. Porém, a análise da comparação das duas decisões é útil para se aplicar os ensinamentos teóricos do teste de proporcionalidade e conteúdo essencial do direito fundamental a casos concretos.

Ao se analisar os dois acórdãos, a primeira conclusão a que se chega é a de que tanto o prazo para pagamento de salário quanto o prazo para pagamento de verbas rescisórias podem ser enquadrados como partes do direito fundamental de "proteção ao salário na forma da lei" (art. 7º, X, da CF/1988).

O pagamento do salário até o 5º dia útil decorre da previsão legal de que o salário não deve ser estipulado por período superior a um mês (art. 459 da CLT). A previsão tem relevância prática e social, na medida em que as obrigações financeiras dos trabalhadores são estipuladas em base mensal também, tal como o salário mínimo e seus indicadores econômicos. Portanto, é correto afirmar que ao permitir a extrapolação do prazo legal para pagamento de salários, é possível retirar do trabalhador o direito de honrar com seus compromissos financeiros mensais, esvaziando-se a proteção constitucional ao salário que, em última análise, tem o propósito de garantir o sustento do trabalhador e da sua família e atender às suas necessidades vitais básicas.

De outro lado, o parcelamento das verbas rescisórias, por si só, não gera, em princípio, danos ao sustento do trabalhador e da sua família. É certo que o pagamento das verbas rescisórias tem o propósito de garantir o sustento do trabalhador e da sua família nos meses subsequentes à demissão, enquanto o trabalhador procura novo trabalho. Não raro, o valor total das verbas rescisórias é superior a uma remuneração mensal, se considerado aviso prévio e pagamento de verbas proporcionais. Portanto, é possível parcelar as verbas rescisórias sem que o direito constitucional de proteção ao salário seja ofendido.

Esses esclarecimentos sobre os direitos fundamentais são tão importantes para o presente estudo quanto os limites da atuação judicial na análise das normas coletivas. Segundo a doutrina, os direitos fundamentais são aqueles direitos e garantias essenciais do homem, possuem *status* constitucional na ordem jurídica, logo, devem se sobrepor ao exercício do Poder, limitando-o. Não se deve limitar os direitos fundamentais, contudo, ao rol do Título II da Constituição Federal de 1988, pois pode haver direitos fundamentais em tratados internacionais ou outras normas, mesmo que esses direitos não estejam expressos na Constituição Federal de 1988, mas desde que decorrentes do regime e dos princípios da CF/1988 (art. 5º, § 2º, da CF/1988).

Ainda quanto à definição e interpretação dos direitos fundamentais, parece prevalecer hoje na doutrina o entendimento de que se deve adotar o âmbito amplo de proteção dos direitos fundamentais, segundo o qual não é possível definir previamente o alcance da proteção de um direito fundamental. Assim, deve-se proteger tudo aquilo que for relacionado ao tema. Neste ponto, relaciona-se também o conceito de núcleo essencial de um direito fundamental, de forma que, ao se interpretar a aplicação de direitos fundamentais em casos concretos e sua relação com leis ordinárias e outras, é necessário buscar preservar seu conteúdo essencial, o qual não deve ser afetado sob pena de prejudicar a própria existência do direito.

Nessa toada, portanto, o papel do Poder Judiciário na análise das normas coletivas desenha-se não como algo limitado ou reduzido pela previsão do art. 8º, § 3º, da Consolidação das Leis do Trabalho, mas ainda mais sofisticado e complexo do que se apresentou até então, como será detalhado nas seções seguintes desta pesquisa.

6.4. DIREITOS FUNDAMENTAIS QUE DEVEM ORIENTAR A INTERPRETAÇÃO DO ART. 8º, § 3º, DA CONSOLIDAÇÃO DAS LEIS DO TRABALHO

Por toda exposição até aqui, não seria legítimo tornar ineficazes os termos de uma negociação coletiva sob o fundamento genérico de que o art. 8º, § 3º, da Consolidação das Leis do Trabalho ofende a direitos fundamentais. É evidente que o respeito aos direitos fundamentais deve orientar o intérprete do direito na avaliação dos termos da negociação coletiva. Porém, o esforço de interpretação está, justamente, em encontrar o balanço entre a autonomia de vontade e o mínimo de respeito à dignidade do qual não se pode abrir mão, especialmente porque a análise recai sobre exercício de autonomia privada coletiva por partes equilibradas, ao contrário da negociação individual trabalhista.

Além do teste de proporcionalidade e do conteúdo essencial de direitos fundamentais, abordados neste trabalho como orientadores do papel do Poder Judiciário ao julgar casos envolvendo normas coletivas, propõe-se avaliar a compatibilidade do art. 8º, § 3º, da Consolidação das Leis do Trabalho, com direitos fundamentais que, porventura, possam ser violados na sua aplicação.

Para Luciano Martinez, inclusive, a interpretação do art. 8º, § 3º, da Consolidação das Leis do Trabalho, deve ser feita com restrições orientadas pelos próprios direitos fundamentais:

> Não há como o Judiciário deixar de intervir nos direitos de liberdade sindical quando, em seu nome, for comprimido outro direito igualmente fundamental ou for desprezada a plataforma mínima civilizatória. O magistrado, a despeito da redação constante do § 3º do art. 8º da CLT reformada, pode e deve realizar os controles de constitucionalidade e de convencionalidade das negociações coletivas nas situações em que for invocado a tanto(111).

Por isso, passa-se a analisar os direitos fundamentais amplos que podem vir a ser contrapostos quando da interpretação do art. 8º, § 3º, da Consolidação das Leis do Trabalho, neste estudo representados pelo não retrocesso social, reconhecimento das normas coletivas, acesso à justiça e dignidade da pessoa humana.

6.4.1. Do não retrocesso social

O não retrocesso social não é um princípio expresso na Constituição Federal de 1988, mas decorrente e associado a outros princípios, como o da dignidade humana, e à própria eficácia dos direitos fundamentais e ao Estado Democrático de Direito.

Para Ingo Wolfgang Sarlet(112), o não retrocesso social consiste em um "direito subjetivo negativo" ou uma "eficácia negativa das normas constitucionais", referente ao direito de se opor a qualquer medida que contrarie os direitos fundamentais já estabelecidos.

No que interessa a este estudo, a questão central na análise do tema de vedação de retrocesso social consiste em estabelecer a medida em que o legislador infraconstitucional pode "voltar atrás no que diz com a concretização de direitos fundamentais, sociais"(113). Em outras palavras, qual a

---

(111) MARTINEZ, Luciano. *Curso de direito do trabalho*. São Paulo: Saraiva, 2020. Disponível em: https://integrada.minhabiblioteca.com.br/#/books/9788553618408/. Acesso em: 6 jan. 2022. p. 1.041.

(112) SARLET, Ingo Wolfgang. Os direitos fundamentais sociais e a assim chamada proibição de retrocesso: contributo para uma discussão. *In*: ALMEIDA, Renato Rua de (coord.). *Aplicação da teoria do diálogo das fontes no direito do trabalho*. São Paulo: LTr, 2015.

(113) SARLET, Ingo Wolfgang. Os direitos fundamentais sociais e a assim chamada proibição de retrocesso: contributo para uma discussão. *In*: ALMEIDA, Renato Rua de (coord.). *Aplicação da teoria do diálogo das fontes no direito do trabalho*. São Paulo: LTr, 2015. p. 113.

interpretação a ser dada ao art. 8º, § 3º, da Consolidação das Leis do Trabalho, de forma que sua previsão não implique em retrocesso social.

Inicialmente, devem ser considerados dois aspectos importantes. A previsão do art. 8º, § 3º, da Consolidação das Leis do Trabalho, é novidade legislativa sobre tema que, até então, não era regulado em lei. Não havia previsão infraconstitucional específica autorizando o Poder Judiciário a rever normas coletivas, declará-las nulas por considerar a contraprestação ajustada insuficiente ou por considerar que o ajuste travado entre as partes era desfavorável ao trabalhador. Essas medidas eram tomadas com base exclusivamente em construção jurisprudencial, decorrente de regras gerais e princípios. Logo, não se pode dizer que, no caso, houve um "voltar atrás" do legislador quanto a esse tema; ao contrário, houve atuação do legislador, em certa medida, para conter o ativismo judicial, como explicado nos capítulos iniciais deste estudo.

Por outro lado, é preciso avaliar a compatibilidade do referido artigo com o princípio do não retrocesso social na medida em que a suposta inércia do Poder Judiciário ao não interferir em determinada cláusula de norma coletiva poderia, potencialmente, permitir que permaneçam no ordenamento jurídico trabalhista cláusulas coletivas que violam o não retrocesso social ao disporem de maneira aparentemente menos favorável ao trabalhador do que a previsão legal sobre determinado tema, sem que isso seja contido pelo Poder Judiciário, por força do previsto no art. 8º, § 3º, da Consolidação das Leis do Trabalho.

Para Ingo Wolfgang Sarlet, contudo, o princípio do não retrocesso social deve ser ponderado e relativizado, já que tal proteção não deve assumir caráter absoluto:

> Aliás, bastaria esta linha argumentativa para reconhecer que não se pode encarar a proibição do retrocesso como tendo a natureza de uma regra de cunho absoluto, seja pelo fato, já apontado, de que a atividade legislativa não pode ser reduzida à função de execução pura e simples da Constituição, seja pelo fato de que esta solução radical, caso tida como aceitável, acabaria por conduzir a uma espécie de transmutação das normas infraconstitucionais em direito constitucional, além de inviabilizar o próprio desenvolvimento deste[114].

(114) SARLET, Ingo Wolfgang. Os direitos fundamentais sociais e a assim chamada proibição de retrocesso: contributo para uma discussão. *In*: ALMEIDA, Renato Rua de (coord.). *Aplicação da teoria do diálogo das fontes no direito do trabalho.* São Paulo: LTr, 2015. p. 119.

Para o autor, a solução para garantir o não retrocesso social de maneira razoável e não absoluta requer sua análise respeitando-se "a assim designada proporcionalidade em sentido estrito, salvaguardando o núcleo essencial dos direitos afetados e o seu conteúdo em dignidade da pessoa humana", o que já foi objeto de análise nas seções anteriores.

Nota-se que se o princípio do não retrocesso social for invocado de maneira ampla e ilimitada, ele esbarrará em outros institutos do direito do trabalho. O principal deles seria a regra de não ultratividade das normas coletivas, prevista no art. 614, § 3º, da Consolidação das Leis do Trabalho, e já decidida como válida pelo Supremo Tribunal Federal quando do julgamento da ADPF 323.

Se o não retrocesso social for interpretado como uma vedação de que todo e qualquer direito do trabalhador seja negociado em parâmetros diferentes ou de forma menos benéfica ao trabalhador, as normas coletivas deverão ter suas cláusulas sempre incorporadas aos contratos de trabalho, aumentando o patamar do qual se parte uma nova negociação, o que evidentemente não se admite, nem pela lei, nem pela decisão do Supremo Tribunal Federal.

A regra de não ultratividade nada mais é do que um dos vetores a garantir força e fomentar a negociação coletiva. Há evidente maior empenho dos empregadores em conceder benefícios aos trabalhadores por meio de norma coletiva quando se sabe que eles podem ser provisórios e que só serão renovados se, dali dois anos, a situação econômica do empregador se mantiver ou for melhorada. Igualmente, não há como negar que existe claro fomento à negociação coletiva quando se sabe que, o que for acordado, nos termos da lei, será respeitado pelo Poder Judiciário e não estará sujeito à revisão futura conforme critérios subjetivos de interpretação.

Ao se recorrer à Constituição Federal de 1988 — instrumento que realmente garantiu o fomento à negociação coletiva e a inseriu como veículo de construção da democracia — vê-se que o não retrocesso social convive em harmonia com a possibilidade de se negociar direitos dos trabalhadores previstos em lei e na Constituição Federal de 1988. Afinal, a Constituição Federal de 1988 prevê o princípio da irredutibilidade salarial, (mas autoriza a sua redução por meio de norma coletiva), e a jornada de 8 horas diárias e 44 horas semanais, (mas permite a compensação de horário por meio de negociação coletiva). Portanto, a Constituição Federal de 1988 deixa claro que a aparente redução de direitos por meio de norma coletiva não gera, por si só, retrocesso social.

Observa-se, assim, que o art. 8º, § 3º, da Consolidação das Leis do Trabalho, não viola o princípio do não retrocesso social. Não havia na legislação ordinária, nem na constitucional, direito garantido ao Poder Judiciário de rever e anular normas coletivas, ao contrário, havia lacuna na lei. O papel constitucional do Poder Judiciário Trabalhista (art. 114 da CF/1988) é que deveria ser compatibilizado com outras garantias constitucionais, como o reconhecimento das normas coletivas. Além disso, a atuação do Poder Judiciário ao se deparar com ação envolvendo a revisão de normas coletivas será definida, em cada caso concreto, quanto à necessidade para conter o retrocesso social. Não se trata, porém, de regra de caráter absoluto, ou seja, não basta invocá-la para justificar a atuação do Poder Judiciário fora dos limites do art. 8º, § 3º, da Consolidação das Leis do Trabalho, mas é preciso enquadrá-la, quando for o caso, no teste de proporcionalidade e nas ponderações de direitos fundamentais de maneira geral.

6.4.2. Reconhecimento das normas coletivas e o princípio da autonomia privada coletiva

Arnaldo Süssekind avalia que o reconhecimento das convenções coletivas vem sendo garantido desde a Constituição de 1934, mas que a Constituição Federal de 1988 foi além, ao permitir que normas coletivas flexibilizem as próprias previsões da Constituição Federal de 1988 e das normas legais relacionadas em assuntos sensíveis à matéria trabalhista, como jornada e salário.

A previsão do art. 7º, XXI, da Constituição Federal de 1988, também é reconhecida pela doutrina como fundamento para a autonomia privada coletiva, a qual se passa a analisar.

A autonomia individual remete ao contexto histórico da Revolução Francesa e aos seus ideais de liberdade, igualdade e fraternidade. Juridicamente, esse momento histórico impactou a liberdade de contratar, no contexto de que a ausência da atuação do Estado traria ao indivíduo a plena liberdade.

A Revolução Industrial, por outro lado, trouxe contornos diferentes às particularidades das relações de trabalho. No contexto em que o empregador é o detentor dos meios de produção e os trabalhadores passam a submeter-se a ele, o conceito de autonomia privada embasado nos ideais de igualdade carece de alguma ponderação.

Nesse sentido, Enoque Ribeiro dos Santos sublinha:

> O liberalismo do século XVIII, surgido com a Revolução Francesa, que pregava um Estado alheio à área econômica e que, quando muito, iria ser árbitro nas questões sociais, suscitou uma tomada de consciência coletiva da classe operária e, como resposta, provocou o surgimento do

Direito Coletivo do Trabalho, que veio corrigir as desigualdades econômicas por meio das desigualdades jurídicas[115].

Nas relações trabalhistas individuais, entre empregador e empregado, é inquestionável a assimetria e a "desigualdade fática" existente entre as partes. Tanto por isso, o direito do trabalho é fortemente orientado pelo princípio protetor.

Mas, nas relações intermediadas pelo sindicato, a doutrina se posiciona no sentido de que as partes são equiparadas. O empregador (seja individualmente, no acordo coletivo, seja por meio de sindicatos patronais, na convenção coletiva), como ser naturalmente coletivo, na medida em que seus atos e decisões impactam grupos de empregados, negocia com o grupo de empregados representado pelo sindicato e que, diversamente da negociação individual de trabalho, também atua de forma coletiva, de maneira que seus atos e decisões geram impacto diferenciado na esfera do empregador (por exemplo, greve).

Enoque Ribeiro dos Santos indica a igualdade das partes como algo inerente à negociação coletiva:

> A negociação coletiva para ser autêntica e legítima pressupõe a igualdade — quebra-se a antiga desigualdade das partes e a relação de poder e de dominação que prevalece no contrato individual de trabalho — para dar lugar a um novo tipo de dinâmica negocial entre dois sujeitos coletivos: o sindicato, representativo dos interesses de seus associados e o sindicato dos empregadores ou a empresa. A inovação que a negociação coletiva apresenta como forma de solução de conflitos trabalhistas é por meio da coletivização dos trabalhadores, proporcionando a equalização de poder das partes contratantes e uma espécie de reequilíbrio de forças, que se manifesta nos instrumentos normativos que dela defluem[116].

Nesse sentido, Mauricio Godinho Delgado ensina que o direito coletivo do trabalho se caracteriza por regras e princípios aptos a reequilibrar a disparidade de posições entre empregado e empregador, enquanto na esfera coletiva:

> O Direito Coletivo, ao contrário, é ramo jurídico construído a partir de uma relação entre seres teoricamente equivalentes: seres coletivos

---

(115) SANTOS, Enoque Ribeiro dos. *Negociação coletiva de trabalho*. 3. ed. São Paulo: Grupo GEN, 2018. p. 85.

(116) SANTOS, Enoque Ribeiro dos. *Negociação coletiva de trabalho*. 3. ed. São Paulo: Grupo GEN, 2018. p. 111.

ambos, o empregador, de um lado e, de outro lado, o ser coletivo obreiro, mediante as organizações sindicais. Em correspondência a esse quadro fático distinto, emergem, obviamente, no Direito Coletivo, categorias teóricas, processos e princípios também distintos(117).

Tanto é assim que o art. 7º da Constituição Federal de 1988 permite, por exemplo, a redução salarial somente por meio de negociação coletiva. Individualmente, a redução salarial é proibida. Mas, se negociada coletivamente, como as disparidades naturais entre as partes, nesse caso, são mitigadas, então, a redução salarial é autorizada, demonstrando que as negociações em âmbito individual e coletivo são bastante diferentes e orientadas também por princípios diferentes.

Nesse sentido, é a fundamentação de voto do Ministro Luís Roberto Barroso ao julgar planos de demissão voluntária (item 20, do acórdão 590.415/SC):

> Diferentemente do que ocorre com o direito individual do trabalho, o direito coletivo do trabalho, que emerge com nova força após a Constituição de 1988, tem nas relações grupais a sua categoria básica. O empregador, ente coletivo provido de poder econômico, contrapõe-se à categoria dos empregados, ente também coletivo, representado pelo respectivo sindicato e munido de considerável poder de barganha, assegurado, exemplificativamente, pelas prerrogativas de atuação sindical, pelo direito de mobilização, pelo poder social de pressão e de greve. No âmbito do direito coletivo, não se verifica, portanto, a mesma assimetria de poder presente nas relações individuais de trabalho. Por consequência, a autonomia coletiva da vontade não se encontra sujeita aos mesmos limites que a autonomia individual.

Com base neste raciocínio, ao se aplicar os ensinamentos de Daniel Sarmento acima às negociações coletivas, a disparidade fática entre as partes estaria melhor balanceada, de forma que a autonomia de vontade deveria ser prestigiada. Segundo o autor, isso não implica, porém, em abandono dos direitos fundamentais para esses casos. Por serem irrenunciáveis, os direitos fundamentais continuam a incidir de forma a garantir o mínimo de respeito à dignidade humana, mas sem perder de vista a autonomia da vontade e aquilo que foi pretendido na negociação entre as partes.

George Marmelstein destaca, ainda, a relação da autonomia da vontade com a possibilidade de se renunciar e negociar direitos fundamentais:

> Em suma: renunciar e até mesmo negociar a direitos fundamentais é algo que ocorre com bastante frequência. **Na verdade, não permitir**

(117) DELGADO, Mauricio Godinho. *Curso de direito do trabalho.* 9. ed. São Paulo: LTr, 2010. p. 1.211.

que uma pessoa, com plena capacidade de discernimento, negocie ou renuncie a direitos fundamentais é violar um dos mais básicos atributos da dignidade humana, que é a autonomia da vontade. A autonomia da vontade, conforme já dito, nada mais é do que a faculdade que o indivíduo possui para tomar decisões na sua esfera particular de acordo com seus próprios interesses e preferências. Em outras palavras: por força da autonomia da vontade, o indivíduo pode, em princípio, fazer tudo aquilo que desejar, desde que não prejudique outras pessoas[(118)].

O autor esclarece que a possibilidade de renúncia ou negociação de direitos fundamentais não se aceita de forma absoluta. Ao contrário, deve-se socorrer, mais uma vez, à teoria do sopesamento, já esclarecida nas seções anteriores:

> No fundo, a discussão em torno da possibilidade de renúncia de direitos fundamentais vai desembocar, mais uma vez, no sopesamento de valores, onde, de um lado, estará a autonomia da vontade e, do outro, o direito a ser renunciado. Em alguns casos, prevalecerá a autonomia da vontade; em outros, o direito fundamental em jogo, conforme a importância de cada um desses valores no caso concreto. Geralmente, aceita-se com mais facilidade a renúncia de direitos fundamentais de cunho patrimonial. Já os direitos mais ligados à dignidade humana, como os direitos à vida e à integridade física e moral, são bem menos flexíveis, mas ainda assim podem ceder em determinadas situações[(119)].

Ao se adotar essa interpretação, é possível negociar direitos fundamentais, com base na autonomia da vontade. No caso das relações trabalhistas, devido ao desequilíbrio de poderes entre empregados e empregadores, a autonomia de vontade somente seria exercível mediante representação dos empregados pelos respectivos sindicatos, agentes que estariam em equilíbrio com a figura do empregador e, portanto, permitiriam o livre exercício da autonomia da vontade para, inclusive, negociar ou renunciar a direitos fundamentais, dentro dos limites de necessidade, adequação e proporcionalidade em sentido estrito.

---

(118) MARMELSTEIN, George. *Curso de direitos fundamentais*. 8. ed. São Paulo: Grupo GEN, 2019. Disponível em: https://integrada.minhabiblioteca.com.br/#/books/9788597021097/. Acesso em: 3 fev. 2022. p. 437.

(119) MARMELSTEIN, George. *Curso de direitos fundamentais*. 8. ed. São Paulo: Grupo GEN, 2019. Disponível em: https://integrada.minhabiblioteca.com.br/#/books/9788597021097/. Acesso em: 3 fev. 2022. p. 437.

Na mesma esteira, é importante que o aplicador do art. 8º, § 3º, da Consolidação das Leis do Trabalho, tenha como diretriz que a compatibilidade desse artigo com os direitos fundamentais passa, também, pelo reconhecimento das normas coletivas, um direito fundamental. Negociar e fazer prevalecer a vontade coletiva é direito fundamental dos trabalhadores que não deve ser esquecido nem negligenciado na interpretação do art. 8º, § 3º, da Consolidação das Leis do Trabalho.

Mais que isso, a autonomia da vontade coletiva deve ser o objetivo ao qual se detém o Poder Judiciário, independentemente de se interpretar uma norma coletiva de forma favorável a uma empresa ou aos empregados. E, ao se aceitar essa diretriz, não se está, por outro lado, permitindo que as normas coletivas sejam sempre amplamente interpretadas de forma a afastar a proteção legal ao empregado. Ao contrário, as normas coletivas devem ser interpretadas como forma de garantir que a vontade das partes prevaleça, mesmo que diferente do disposto na lei, mas independente de ser mais ou menos protetiva, naquele aspecto específico, aos direitos legais dos empregados.

Por exemplo, recentemente, a Seção de Dissídios Coletivos do TST[(120)] decidiu que determinada norma coletiva que previu as jornadas de trabalho possivelmente aplicáveis aos vigilantes deve ser interpretada como excludente de todas as outras jornadas que, embora legais, não foram incluídas na norma coletiva, logo, não foram desejadas pelas partes. Isso porque, segundo a Seção de Dissídio Coletivo, comprovou-se nos autos que o sindicato patronal, durante a negociação coletiva, tentou incluir outras jornadas na referida cláusula, o que sempre foi negado pelo sindicato dos empregados, acordando as partes na redação da cláusula que elencou as jornadas possíveis. O principal fundamento de decisão foi de que, com base no art. 8º, § 3º, da Consolidação das Leis do Trabalho, o intérprete deve adotar a interpretação que mais se aproxime da real intenção das partes:

> RECURSO ORDINÁRIO. DISSÍDIO COLETIVO DE NATUREZA JURÍDICA. INTERPRETAÇÃO DE CONVENÇÃO COLETIVA DE TRABALHO NO QUE DIZ RESPEITO ÀS JORNADAS DE TRABALHO AUTORIZADAS AOS VIGILANTES PATRIMONIAIS (12x36, 7x7, 15x15, 6x1 e 5x2). 1 — O presente dissídio coletivo foi ajuizado com o objetivo de buscar a correta interpretação da Cláusula 35 das Convenções Coletivas de Trabalho acostadas aos autos, no que diz respeito às jornadas de trabalho autorizadas aos vigilantes patrimoniais, cuja redação estabelece: "Ficam na presente CCT autorizadas às jornadas de trabalho aos vigilantes patrimoniais, além da jornada 12x36, 7x7, 15x15, 6x1 e 5x2". 2 — A tarefa interpretativa consiste em definir o real objetivo da norma: se ela visa autorizar a realização das jornadas excepcionais ali discriminadas,

(120) BRASIL. *Tribunal Superior do Trabalho.* ROT-24517-80.2020.5.24.0000, Seção Especializada em Dissídios Coletivos, Rel. Min. Delaide Alves Miranda Arantes, Public. 17.12.2021.

em concorrência com as demais jornadas autorizadas por lei, ou se ela pretende restringir os regimes de trabalho àqueles mencionados, impossibilitando, dessa forma, a adoção de qualquer outro tipo de jornada laboral. 3 — De acordo com os arts. 8º, § 3º, e 611-A, § 1º, da CLT, no exame de convenção coletiva ou acordo coletivo de trabalho, a Justiça do Trabalho balizará a sua atuação pelo princípio da intervenção mínima na autonomia da vontade coletiva. Isso significa dizer que, diante de uma norma coletiva da qual se possam extrair várias interpretações possíveis, deve o julgador trabalhista dar preferência àquela que mais se aproxime da verdadeira intenção das partes na fase de negociação. 4 — No caso dos autos, é incontroverso — pois afirmado na petição inicial e não impugnado em defesa — que o sindicato patronal propôs por mais de uma vez durante a fase de negociação a inclusão nas Convenções Coletivas de autorização para a jornada parcial, o que sempre foi rechaçado pelos sindicatos profissionais. 5 — Diante disso, fica claro que a verdadeira intenção dos atores sociais ao negociarem a Cláusula 35 foi restringir as jornadas possíveis de aplicação à categoria dos vigilantes patrimoniais, possibilitando-lhes o exercício apenas dos regimes 12x36, 7x7, 15x15, 6x1 e 5x2, com exclusão de qualquer outra, ainda que legal. 6 — Cumpre destacar que, com a edição da Lei 13.467/2017, o legislador ordinário trouxe a lume o instituto da "prevalência do negociado sobre o legislado", fazendo constar de forma expressa na CLT que a norma coletiva de trabalho tem prevalência sobre a lei quando dispuser sobre "pacto quanto à jornada de trabalho, observados os limites constitucionais". 7 — Por essa razão, ainda que a lei preveja jornadas distintas daquelas discriminadas no instrumento normativo, tal como é o caso do regime de tempo parcial, expresso no art. 58-A da CLT, a sua aplicação aos vigilantes patrimoniais revela-se juridicamente inválida, diante do que expressamente acordaram as partes em Convenção Coletiva de Trabalho. 8 — Nesses termos, revela-se correta a conclusão adotada pelo Tribunal Regional no acórdão recorrido, no sentido de "conferir interpretação restritiva à Cláusula 35º da CCT 2020/2022 e considerar válidas apenas as jornadas expressamente nela discriminadas, rejeitando-se a adoção em regime de tempo parcial prevista no art. 58-A da Consolidação das Leis do Trabalho". Recurso ordinário conhecido e não provido.

A decisão reflete a eficácia do direito fundamental ao reconhecimento das normas coletivas, além de indicar que o Poder Judiciário atuou de forma consistente com a previsão do art. 8º, § 3º, da Consolidação das Leis do Trabalho, e com o art. 104 do Código Civil de 2002, ao priorizar a vontade manifestada pelas partes e sua autonomia privada.

Em análise combinada com o item anterior, conclui-se que o art. 8º, § 3º, da Consolidação das Leis do Trabalho, não se presta a promover o retrocesso social. Ao contrário, ao impedir que o poder Judiciário interfira livremente no resultado das negociações coletivas, permite-se que as categorias avancem nos normativos jurídicos aplicáveis que, por vezes, podem prever direitos particularmente menos protetivos aos empregados e, por outras, podem prever direitos mais protetivos aos empregados, tudo a depender do que pretenderam as partes para adequar as normas aplicáveis à sua realidade de trabalho.

6.4.3. Acesso à justiça

O art. 5º, XXXV, da Constituição Federal de 1988, prevê a inafastabilidade de jurisdição a toda ameaça ou lesão a direito. Um dos fundamentos para a alegada inconstitucionalidade do art. 8º, § 3º, da Consolidação das Leis do Trabalho, é a sua incompatibilidade ao direito fundamental de acesso à justiça.

Nesse sentido, Mauricio Godinho Delgado argumenta:

> De outro lado, o princípio constitucional do amplo acesso ao Poder Judiciário terá sido mutilado pelas duas novas regras da legislação trabalhista, com a vedação do conhecimento judicial acerca do conteúdo dos diplomas normativos lavrados pela negociação coletiva[121].

Contudo, a reação ao art. 8º, § 3º, da Consolidação das Leis do Trabalho com base em potencial ofensa ao princípio da inafastabilidade de jurisdição requer, primeiramente, a análise do alcance desse princípio constitucional.

Mauro Capelletti e Bryan Garth reconhecem a dificuldade de se alcançar o sentido do acesso à justiça e estabelecem dois enfoques principais:

> A expressão "Acesso à Justiça" é reconhecidamente de difícil definição, mas para se determinar duas finalidades básicas do sistema jurídico — o sistema pelo qual as pessoas podem reivindicar seus direitos e/ou resolver seus litígios sob os auspícios do Estado. Primeiro, o sistema deve ser igualmente acessível a todos, segundo, ele deve produzir resultados que sejam individual e socialmente justos[122].

Segundo Rodolfo de Camargo Mancuso, a leitura do art. 5º, XXXV, da Constituição Federal de 1988 requer cautela:

> Por aí se vê que, ao contrário do que pode sugerir uma leitura apressada ou desavisada do contido no inc. XXXV do art. 5º da CF/1988, não há confundir: (i) o singelo direito de acessar um órgão jurisdicional ("direito de demandar"), com (ii) o mero exercício do direito de ação, que, uma vez cumpridamente exercido, assegura o pronunciamento judicial sobre o fulcro da controvérsia, seja ou não fundada a pretensão material. Outra coisa, pois, é o reconhecimento judicial quanto à procedência do direito afirmado, altiplano que se expressa por meio da efetiva tutela jurisdicional, mediante a outorga do bem da vida por meio da decisão de mérito

---

(121) DELGADO, Mauricio Godinho; NEVES, Gabriela. *A reforma trabalhista no Brasil*. São Paulo: LTr, 2017. p. 278.

(122) CAPELLETTI, Mauro; GARTH, Bryan. *Acesso à justiça*. Porto Alegre: Sergio Antonio Fabris, 1988. p. 8.

(CPC/1973, art. 269, I e IV; novo CPC, art. 487, I e II) ou homologatória equivalente (incs. II, III e V desse artigo; novo CPC, art. 487, III)[123].

A correlação entre o art. 8º, § 3º, da Consolidação das Leis do Trabalho, e a violação ao direito constitucional de inafastabilidade de jurisdição não é, portanto, correta. A interpretação atenta do dispositivo celetista indica que (i) não se proíbe o acesso à justiça no caso de discussão de normas coletivas; ao contrário, (ii) é garantido o acesso ao Poder Judiciário para julgar casos envolvendo a análise de normas coletivas, mas a intervenção do Estado nesses casos é orientada pelos limites do art. 104 do Código Civil de 2002.

Sem aprofundar a interpretação que se deve dar a esses limites, seja sob a ótica do objeto lícito do art. 104 do Código Civil de 2002, seja sob a ótica de direitos fundamentais, o que se pretende neste capítulo é descartar a suposta violação, pelo art. 8º, § 3º, da Consolidação das Leis do Trabalho, ao direito constitucional de inafastabilidade de jurisdição.

De fato, o direito garantido constitucionalmente é a possibilidade de a parte, tendo um direito violado, socorrer-se da intervenção estatal. Isso não significa, contudo, que esse direito é garantido independente de qualquer condição, tampouco que há garantia de entrega da prestação jurisdicional.

Nesse sentido são os ensinamentos de Marcus Vinicius Rios Gonçalves sobre as condições da ação e as limitações que não ofendem o acesso ao Poder Judiciário:

> Esse direito sofre limitações que lhe são naturais e restringem sua amplitude, mas nem por isso constituem ofensa ao princípio da inafastabilidade do controle jurisdicional. Nem todo aquele que ingressa em juízo obterá um provimento de mérito, porque é preciso o preenchimento das condições da ação. Quem não tem legitimidade ou interesse é carecedor de ação e não receberá do Judiciário resposta de acolhimento ou rejeição de sua pretensão.
>
> Essas limitações não ofendem a garantia da ação, pois constituem restrições de ordem técnico-processual, necessárias para a própria preservação do sistema e o bom convívio das normas processuais[124].

---

(123) MANCUSO, Rodolfo de Camargo. *Acesso à justiça*: condicionantes legítimas e ilegítimas. São Paulo: RT, 2011. p. 17.

(124) GONÇALVES, Marcus Vinicius Rios. *Curso de direito processual civil*. v. 1. São Paulo: Saraiva, 2022. Disponível em: https://integrada.minhabiblioteca.com.br/#/books/9786553622807/. Acesso em: 19 abr. 2022. p. 67.

Segundo Humberto Theodoro Júnior,

> A Constituição, no Estado Democrático de Direito, não se limita a garantir a todos o direito de demandar em juízo. O que se deduz do inciso XXXV do art. 5º de nossa Carta é que nenhuma lesão ou ameaça a direito deixará de ser solucionada pelo Poder Judiciário, quando provocado pelo interessado, na forma legal. Essa garantia fundamental, portanto, é de uma tutela, ou seja, uma proteção com que se pode contar sempre que alguém se veja ameaçado ou lesado em sua esfera jurídica[(125)].

Nosso ordenamento jurídico contém diversos casos nos quais, embora haja direito do titular de recorrer ao Poder Judiciário, a resposta judicial pode ser no sentido de que o Poder Judiciário atuará de forma limitada naquela situação, por previsão legal que lhe imponha esse dever, como se vê do art. 8º, § 3º, da Consolidação das Leis do Trabalho.

Como exemplo, cita-se o art. 332 do Código de Processo Civil de 2015. Há direito do titular de acessar o Poder Judiciário, mas sua resposta será a improcedência do pedido de forma liminar se o pedido contrariar:

> I — enunciado de súmula do Supremo Tribunal Federal ou do Superior Tribunal de Justiça;
>
> II — acórdão proferido pelo Supremo Tribunal Federal ou pelo Superior Tribunal de Justiça em julgamento de recursos repetitivos;
>
> III — entendimento firmado em incidente de resolução de demandas repetitivas ou de assunção de competência;
>
> IV — enunciado de súmula de tribunal de justiça sobre direito local.

O procedimento não viola o direito de amplo acesso à justiça, pois o titular do direito acessou o Poder Judiciário e dele obteve resposta. O mesmo se aplica à sistemática do art. 8º, § 3º, da Consolidação das Leis do Trabalho: há direito de acessar o Poder Judiciário para questionar a validade de determinada norma coletiva. A tutela jurisdicional, porém, será dada a partir da avaliação de conformidade da referida norma coletiva com os elementos do art. 104 do Código Civil de 2002.

6.4.4. Dignidade da pessoa humana

A doutrina indica que a Constituição brasileira de 1946 foi a primeira a se referir à dignidade, mas relacionando-a apenas ao trabalho, assegurando

---

(125) THEODORO JÚNIOR, Humberto. *Curso de direito processual civil*. v. 1. São Paulo: GEN, 2021. Disponível em: https://integrada.minhabiblioteca.com.br/#/books/9786559642120/. Acesso em: 19 abr. 2022. p. 107.

a todos o labor que possibilitasse uma existência digna. Posteriormente, as Constituições de 1967 e 1969 mantiveram a referência à dignidade da pessoa humana atrelada ao trabalho, de forma que a CF/1988 inovou ao positivar a dignidade humana como princípio próprio e fundamental de todo o sistema jurídico e da República Federativa do Brasil (art. 1º, III, da CF/1988).

Diante de seu caráter de destaque na ordem constitucional, a dignidade humana é, sabidamente, o direito fundamental de mais ampla e repetida invocação. De um lado, atribui-se essa conduta à sua denominação aberta, em função da qual todo e qualquer direito pode ser encaixado, mas também ao fato de que se trata do maior e essencial fundamento de todos os direitos fundamentais.

Mas o conceito de dignidade humana não se alcança facilmente na doutrina. George Marmelstein cita a teoria de During, na Alemanha, pela qual a dignidade humana é violada quando o indivíduo é rebaixado a objeto, tratado como coisa, mas prefere, ao final, a teoria de Ingo Wolfgang Sarlet, segundo a qual a dignidade humana se associa ao respeito pela vida e pela integridade física e moral do ser humano, com suas condições mínimas a uma existência digna assegurada mediante a limitação do poder.

George Marmelstein acrescenta:

> É possível identificar, a partir das ideias acima elaboradas, alguns atributos da dignidade humana, por exemplo: (a) respeito à autonomia da vontade, (b) respeito à integridade física e moral, (c) não coisificação do ser humano e (d) garantia do mínimo existencial [...] estão ligados de alguma forma pela noção básica de respeito ao outro, que sintetiza com perfeição todo o conteúdo do princípio da dignidade da pessoa humana. Vale enfatizar que esse respeito ao outro independe de quem seja o outro. Pode ser qualquer pessoa. A dignidade não é privilégio de apenas alguns indivíduos escolhidos por razões étnicas, culturais ou econômicas, mas sim um atributo de todo e qualquer ser humano, pelo simples fato de ser humano[126].

Os ensinamentos de Ingo Wolfgang Sarlet esclarecem a relevância da dignidade humana para a análise dos direitos fundamentais no Estado Social de Direito, especialmente dos direitos fundamentais sociais, nos quais se incluem os direitos do art. 7º da Constituição Federal de 1988:

---

(126) MARMELSTEIN, George. *Curso de direitos fundamentais*. 8. ed. São Paulo: Grupo GEN, 2019. Disponível em: https://integrada.minhabiblioteca.com.br/#/books/9788597021097/. Acesso em: 03 fev. 2022. p. 16.

Os direitos fundamentais sociais constituem exigência inarredável do exercício efetivo das liberdades e garantia da igualdade de chances (oportunidades), inerentes à noção de uma democracia e um Estado de Direito de conteúdo não meramente formal, mas, sim, guiado pelo valor da justiça material. Cumpre frisar, ainda, que a ideia do reconhecimento de determinadas posições jurídicas sociais fundamentais, como exigência do princípio da dignidade humana, decorre, consoante leciona Klaus Stern, da concepção de que "homogeneidade social e uma certa medida de segurança social não servem apenas ao indivíduo isolado, mas também à capacidade funcional da democracia considerada na sua integralidade"(127).

Segundo Mauricio Godinho Delgado, a dignidade humana garantida constitucionalmente denota que o valor central do Estado e das sociedades é a pessoa humana, de forma que o direito fundamental ao trabalho e à dignidade humana imposto pela Constituição Federal de 1988 está na medida em que o trabalho que se protege é o trabalho digno. Segundo o autor, "apenas o trabalho exercido em condições dignas é instrumento capaz de viabilizar a emancipação do trabalho, além da afirmação de sua identidade social e coletiva"(128).

Dessa forma, a dignidade humana é certamente um dos principais direitos fundamentais que devem orientar a aplicação do art. 8º, § 3º, da Consolidação das Leis do Trabalho. Não deve o intérprete, porém, socorrer-se de um conceito amplo e irrestrito desse direito como forma de minar qualquer conteúdo à intervenção mínima do Poder Judiciário. Em abstrato, por exemplo, a redução de salários pode ser originalmente interpretada como ofensa à dignidade humana, mas assim não entendeu o constituinte, pois do contrário, não a teria permitido no art. 7º, VI, da Constituição Federal de 1988. Alguns argumentam que essa previsão quer dizer que a redução de salário somente é permitida por meio de negociação coletiva porque assim está disposto na Constituição Federal de 1988. Outros vão mais longe, interpretando que somente os direitos sobre os quais a Constituição expressamente assegurou a negociação coletiva podem ser assim reduzidos ou relativizados.

Não parece ser, porém, a melhor interpretação. Na verdade, o art. 7º, VI, da Constituição Federal de 1988, pode significar que a redução de salário por meio de negociação coletiva é compatível com a dignidade humana.

---

(127) SARLET, Ingo Wolfgang. *A eficácia dos direitos fundamentais*: uma teoria geral dos direitos fundamentais na perspectiva constitucional. 13. ed. São Paulo: Livraria do Advogado, 2021. p. 63.

(128) DELGADO, Mauricio Godinho; NEVES, Gabriela. *Constituição da República e direitos fundamentais* — dignidade da pessoa humana, justiça social e direito do trabalho. 4. ed. São Paulo: LTr, 2017.

Ou seja, não se reduz o ser humano a coisa nem se ofende as condições mínimas para uma existência digna ao permitir a redução de salário por meio de norma coletiva. Isso quer dizer que toda e qualquer negociação coletiva para reduzir salários será compatível com a dignidade humana? Não, em absoluto. E certamente o Poder Judiciário deve intervir quando a negociação coletiva violar esse direito fundamental (caso, por exemplo, de redução abaixo do salário-mínimo).

Esta interpretação é a que deve nortear o intérprete na aplicação do art. 8º, § 3º, da Consolidação das Leis do Trabalho, que busca a compatibilidade com a dignidade humana. Não se deve partir da premissa, por exemplo, de que férias constituem direito fundamental e qualquer negociação sobre o tema viola a dignidade da pessoa humana, pois violar o direito a férias reduz o trabalhador à coisa ou impede a sua existência digna. É preciso avaliar a compatibilidade de determinada previsão, com base no teste de proporcionalidade, preservando-se o núcleo essencial do direito a férias e sempre observando que a negociação coletiva também é um direito fundamental a ser protegido pelo Poder Judiciário e, tal e qual o direito a férias, integra o rol de direitos essenciais para garantir uma existência digna, pois preserva a autonomia coletiva de vontade.

Portanto, a dignidade humana é direito fundamental que deve permear a aplicação do art. 8º, § 3º, da Consolidação das Leis do Trabalho e estar presente em toda a análise de normas coletivas quando houver dúvidas sobre a violação de eventual outro direito fundamental, dado o caráter de fundamento da República Federativa do Brasil atribuído à dignidade humana.

Sua aplicação, contudo, deve ser cuidadosa e sempre acompanhada de outros fatores que permitam ao julgador afastar, tanto quanto possível, a interpretação puramente subjetiva da dignidade da pessoa humana, sob pena de comprometer sua real aplicação. De imediato, não há fundamentos para concluir que a previsão do art. 8º, § 3º, da Consolidação das Leis do Trabalho viola a dignidade humana, na medida em que o artigo visa a fomentar e reconhecer as normas coletivas no ordenamento jurídico trabalhista, o que também é um direito fundamental garantido pela CF/1988.

Casos concretos de normas coletivas que violem outros direitos fundamentais (férias, salário, jornada, privacidade, maternidade etc.) podem permitir a interferência do Poder Judiciário na avaliação de referidas normas coletivas. A dignidade humana atuará, nesses casos, como um bem maior a ser perseguido e combinado com a violação de outros direitos, mas não como fundamento único, amplo e genérico que resulte na mera não aplicação do art. 8º, § 3º, da Consolidação das Leis do Trabalho.

7. ANÁLISE DO ARTIGO 8º, § 3º, DA CONSOLIDAÇÃO DAS LEIS DO TRABALHO, SOB A ÓTICA DO PODER NORMATIVO DA JUSTIÇA DO TRABALHO

A novidade do assunto, atrelada à tarefa de analisar de forma crítica a previsão do art. 8º, § 3º, da Consolidação das Leis do Trabalho, impõe a necessidade de recorrer a figuras similares ou que tenham algum ponto de convergência com o papel do Poder Judiciário de rever, anular ou afastar a aplicação, ou não, de normas coletivas, negando-lhes vigência ou ratificando-as.

O poder normativo da Justiça do Trabalho é uma das figuras que, por suas características, e em razão dos já estudados impactos na negociação coletiva, merece análise destacada neste estudo.

Luciano Martinez[(129)] ressalta que o poder normativo se vincula à origem da Justiça do Trabalho instituída como organismo administrativo (art. 122 da CF/1934) que fora dividido entre as Comissões Mistas de Conciliação, para resolver conflitos coletivos, e as Juntas de Conciliação e Julgamento, que decidiam conflitos individuais.

Nesse contexto, a Constituição de 1937 manteve a Justiça do Trabalho como órgão executivo, responsável por decidir os conflitos coletivos de maneira a substituir a atuação natural dos sujeitos coletivos (sindicatos e empregadores), criando no lugar deles as normas e as condições de trabalho. É nesse contexto que a doutrina explica o surgimento do poder normativo da Justiça do Trabalho.

---

(129) MARTINEZ, Luciano. *Curso de direito do trabalho*: relações individuais, sindicais e coletivas do trabalho. São Paulo: Saraiva, 2021. Disponível em: https://integrada.minhabiblioteca.com.br/#/books/9786555594775/. Acesso em: 12 abr. 2022. p. 612.

Segundo José Claudio Monteiro de Brito Filho, as críticas ao poder normativo são merecidas:

> [...] deve ser observado que a competência normativa da Justiça do Trabalho, embora esta feição nem sempre seja percebida, é uma das responsáveis pelo pouco poder real dos sindicatos no Brasil [...] Para nós, a solução jurisdicional é meio de solução de conflitos econômicos que não pacifica, de fato, o conflito, e pouco contribui para a melhoria das relações entre o capital e o trabalho(130).

Luiz Carlos Amorim Robortella e Antonio Galvão Perez, ao defenderem a intervenção limitada do Estado nas relações trabalhistas, esclarecem:

> A equação não se resume a "mais mercado" e "menos Estado". O que se pretende é mais sociedade, mais mercado e melhor Estado, onde este não apareça apenas como poder transcendente, mas como agente da sociedade, assegurando respeito aos direitos fundamentais(131).

Luiz Carlos Amorim Robortella e Antonio Galvão Perez(132) destacam que a heterocomposição decorrente do exercício do poder normativo decide o conflito "corroendo a liberdade de negociação", de maneira que a negociação não evolui de forma a desempenhar seu papel de aproximar os interesses das partes até encontrarem um consenso, mas é encerrada de forma precoce, sem contribuir para o progresso das relações trabalhistas.

Segundo Luciano Martinez, o dissídio coletivo, no qual se aplica o exercício do poder normativo, "tem o sentido de desentendimento entre os sujeitos da relação coletiva", para o qual há duas soluções. A primeira, insistir na autocomposição, estando disponível para os trabalhadores o uso da greve, tido pelo autor como "um instrumento de pressão extremamente poderoso". A segunda opção seria adotar a interferência do Estado, "com o objetivo de dizer o que é "direito" e o que é "justo" para cada uma das partes conflitantes". Para o autor, o ordenamento jurídico brasileiro foi inspirado no modelo corporativista e adotou a segunda opção(133).

---

(130) BRITO FILHO, José Claudio Monteiro de. *Direito sindical*. 8. ed. São Paulo: LTr, 2019. p. 265.

(131) ROBORTELLA, Carlos Amorim; PEREZ, Antonio Galvão. *Sindicatos e autonomia privada coletiva*. São Paulo: Almedina, 2017. p. 412-413.

(132) ROBORTELLA, Carlos Amorim; PEREZ, Antonio Galvão. *Sindicatos e autonomia privada coletiva*. São Paulo: Almedina, 2017. p. 415.

(133) MARTINEZ, Luciano. *Curso de direito do trabalho*: relações individuais, sindicais e coletivas do trabalho. São Paulo: Saraiva, 2021. Disponível em: https://integrada.minhabiblioteca.

Segundo Luciano Martinez,

> [...] ao preferir o caminho da interferência, o Estado não apenas decidia o conflito, mas também impunha, por um juízo de equidade, novas condições laborais numa atuação *intra petita* (dentro dos limites do que foi pedido por uma parte e o que foi objeto de resistência da outra)[(134)].

A eventual interpretação do art. 8º, § 3º, da Consolidação das Leis do Trabalho, no sentido de que a atuação do Poder Judiciário ao julgar casos envolvendo normas coletivas é amplamente garantida, sob pena de se violar regras gerais da Constituição Federal de 1988, guarda semelhança com algumas características do poder normativo analisado acima. Afinal, também na atuação do Poder Judiciário na análise de casos envolvendo normas coletivas, de forma ampla e irrestrita, há interferência do Estado na autocomposição entre empregado e empregador, de maneira que o Estado, ao decidir se determinada norma coletiva deve ou não permanecer no ordenamento jurídico, acaba por (i) regular as relações de trabalho, determinando as normas que devem regê-las e (ii) desprestigiar a negociação coletiva, que é enfraquecida na medida em que o acordo alcançado na autocomposição é afastado por vontade do Estado.

É certo que, a depender do remédio processual utilizado para discutir a validade ou não de determinada norma coletiva, os efeitos da decisão judicial serão diferentes. Por exemplo, em se tratando de reclamação trabalhista individual, os efeitos serão relativos somente àquele reclamante em particular, o que distanciaria esse exemplo da pretendida comparação com o poder normativo, já que não estaria o Poder Judiciário criando norma de aplicação geral a toda a categoria.

De todo modo, sem pretensão de se analisar os aspectos processuais envolvidos, é certo que a interpretação do art. 8º, § 3º, da Consolidação das Leis do Trabalho, que concede ampla e irrestrita atuação ao Poder Judiciário se aplicaria não apenas a reclamações trabalhistas individuais, mas também a ações anulatórias de norma coletiva, eventualmente ajuizadas pelo Ministério Público do Trabalho ou pela empresa ou sindicatos participantes, neste caso, operando-se decisão judicial com efeito de criar ou extinguir norma aplicável a toda a categoria.

---

com.br/#/books/9786555594775/. Acesso em: 12 abr. 2022. p. 612.

(134) MARTINEZ, Luciano. *Curso de direito do trabalho*: relações individuais, sindicais e coletivas do trabalho. São Paulo: Saraiva, 2021. Disponível em: https://integrada.minhabiblioteca.com.br/#/books/9786555594775/. Acesso em: 12 abr. 2022. p. 612.

Portanto, nessa análise comparativa, as críticas tradicionalmente dirigidas ao poder normativo recaem também sobre uma interpretação extensiva do art. 8º, § 3º, da CLT. Se há certo consenso doutrinário de que o poder normativo da Justiça do Trabalho representa entrave à evolução das relações trabalhistas, pois privilegia a atuação estatal, desvinculada das particularidades da categoria e que diminui os efeitos do que fora alcançado por meio da autocomposição, esse racional acaba por se aplicar também na interpretação do art. 8º, § 3º, da Consolidação das Leis do Trabalho.

Recorrer ao Poder Judiciário no caso de as partes não chegarem a um acordo pela negociação coletiva, como resultado do poder normativo, permite que o Estado continue a controlar a edição de normas que regem as relações de trabalho. Na mesma toada, recorrer ao Poder Judiciário e permitir que ele declare a invalidade de norma coletiva genuinamente negociada e acordada pelas partes, mantém, com o Estado, o poder de criar regras para as relações de trabalho, sem participação das partes diretamente envolvidas e sem adequação das normas à realidade de cada categoria. É este resultado que se pretende impedir, porém, com a previsão do art. 8º, § 3º, da Consolidação das Leis do Trabalho.

8. COMPATIBILIDADE DO ART. 8º, § 3º, DA CONSOLIDAÇÃO DAS LEIS DO TRABALHO COM OS DIREITOS FUNDAMENTAIS

Com base na pesquisa aqui desenvolvida, aspectos importantes sobre os direitos fundamentais devem ser considerados para interpretação e aplicação do art. 8º, § 3º, da Consolidação das Leis do Trabalho.

Primeiramente, conclui-se que os direitos fundamentais são aqueles direitos e garantias essenciais do homem, com *status* constitucional na ordem jurídica e que, portanto, devem se sobrepor ao exercício do poder, limitando-o. Os direitos fundamentais, contudo, não se restringem àqueles constantes no rol do Título II da CF/1988, pois pode haver direitos fundamentais em tratados internacionais ou outras normas, mesmo não expressos na CF/1988, desde que decorrentes do regime e dos princípios da Constituição Federal de 1988 (art. 5º, § 2º, da CF/1988).

Importante também considerar o entendimento de que se deve adotar o âmbito amplo de proteção dos direitos fundamentais, segundo o qual não é possível definir previamente o alcance da proteção de um direito fundamental, pois deve ser protegido tudo aquilo que for relacionado ao tema. Assim, para auxiliar no alcance do âmbito amplo de proteção dos direitos fundamentais, é possível recorrer ao núcleo essencial de um direito fundamental, aquele que, se afetado, prejudica a própria existência do direito.

Na interpretação do art. 8º, § 3º, da Consolidação das Leis do Trabalho, a primeira análise relevante consiste no contexto em que se inseriu essa alteração legislativa. Segundo o relatório da comissão destinada a elaborar parecer sobre a reforma trabalhista na época da sua votação, as alterações do art. 8º da Consolidação das Leis do Trabalho tiveram por objetivo priorizar a aplicação da lei no direito do trabalho, com objetivo de conter entendimentos variáveis conforme análise subjetiva do Poder Judiciário, em resposta ao tão discutido "ativismo judicial".

Analisando-se as demais alterações do art. 8º da Consolidação das Leis do Trabalho, nota-se o intuito do legislador em: (i) fomentar a aplicação de regras do direito civil às relações de trabalho (conforme alteração do § 1º do art. 8º, que passou a prever a aplicação do direito comum como fonte subsidiária, independentemente de compatibilidade com os princípios do direito do trabalho); e (ii) priorizar a autonomia privada (conforme o texto do art. 8º, § 3º) em detrimento de decisões judiciais (conforme alteração do art. 8º, § 2º).

Além disso, a análise do art. 104 do Código Civil de 2002, expressamente referido no art. 8º, § 3º, da Consolidação das Leis do Trabalho, no que interessa a esse estudo, requer a análise do "objeto lícito" nele mencionado. De plano, a tentativa de enquadrar todas as possíveis controvérsias sobre o tema na interpretação literal dos arts. 611-A e 611-B é frustrada. Primeiro, porque o rol supostamente taxativo do art. 611-B é falho. Para citar exemplo fácil na doutrina, direitos de privacidade (art. 5º, X, da CF/1988) não estão lá referidos quando, no entanto, podem facilmente ser identificados como direitos fundamentais ou absolutamente indisponíveis.

Além disso, o presente estudo demonstra que a doutrina civilista interpreta o objeto lícito previsto no art. 104 do Código Civil de 2002 como aquele que não atenta contra a lei, a ordem pública ou os bons costumes. Portanto, se determinado direito negociado em norma coletiva estiver taxativamente indicado no rol do art. 611-B, o objeto da norma coletiva é ilícito por contrariar lei imperativa. Mas, a interpretação a *contrario senso* não é verdadeira, pois é possível haver negociação sobre matéria não indicada no art. 611-B da Consolidação das Leis do Trabalho e que, de todo modo, ofende a ordem pública ou os bons costumes, enquadrando-se no conceito de objeto ilícito do art. 104 do Código Civil de 2002, o qual foi escolhido pelo legislador para orientar e limitar a atuação do Poder Judiciário ao decidir sobre casos envolvendo normas coletivas, nos termos do art. 8º, § 3º, da Consolidação das Leis do Trabalho.

Ao lado do objeto lícito, estuda-se também a forma do negócio jurídico aplicada às normas coletivas, em interpretação ao art. 104 do Código Civil de 2002. Segundo a doutrina civilista, a forma do negócio jurídico não se confunde com aspectos meramente burocráticos. Ao revés, consiste nas formalidades necessárias para assegurar a lisura de determinado negócio jurídico e garantir a livre manifestação de vontade.

Neste particular de livre manifestação de vontade, os preâmbulos (ou "considerandos", como denominado por parte da doutrina) assumem relevância, pois permitem ao aplicador do direito conhecer as circunstâncias e os motivos que levaram as partes a firmar determinado negócio jurídico, podendo anulá-lo se os motivos ali expostos se distanciem da realidade.

Com base nessas conclusões preliminares, avalia-se que a interpretação do art. 8º, § 3º, da Consolidação das Leis do Trabalho, de forma compatível com os direitos e garantias fundamentais deve ser desenvolvida a partir de algumas premissas:

1) Primeiramente, é preciso partir da interpretação de que o art. 8º, § 3º, da Consolidação das Leis do Trabalho, não representa um marco de alteração do sistema trabalhista no que tange às normas coletivas. A CF/1988, na verdade, é o marco de transição do sistema trabalhista puramente heterônomo para um modelo mais democrático e autônomo, como se prevê no reconhecimento das normas coletivas e na prerrogativa dos sindicatos representarem os trabalhadores, além de prever expressamente a possibilidade de a norma coletiva dispor de forma diferente da lei, como no caso de redução salarial, compensação de jornada e turnos ininterruptos de revezamento.

2) Os arts. 611-A e 611-B não exaurem o tema sobre o enquadramento de disposições das normas coletivas como objeto lícito para fins do art. 104 do Código Civil de 2002. Esses róis constituem diretrizes importantes na interpretação do art. 8º, § 3º, da Consolidação das Leis do Trabalho, mas sua utilidade requer a compatibilização com a interpretação civilista do objeto lícito previsto no art. 104 do Código Civil de 2002, que requer adequação à lei, à ordem pública e aos bons costumes. Ou seja, se determinada previsão de norma coletiva não é vedada expressamente pelo art. 611-B, mas ofende a ordem pública, o objeto pode ser considerado ilícito permitindo a intervenção do Poder Judiciário, segundo os termos do art. 8º, § 3º, da Consolidação das Leis do Trabalho, que remete ao art. 104 do Código Civil de 2002.

3) A formalidade das normas coletivas deve ser interpretada considerando não apenas os requisitos do art. 613 da Consolidação das Lei do Trabalho, mas também o preâmbulo ou "considerandos" da norma coletiva. Os "considerandos" vão ao encontro de um dos objetivos do art. 8º, § 3º, da Consolidação das Leis do Trabalho, que é prestigiar a autonomia da vontade coletiva, na medida em que as circunstâncias e condições que motivaram a concordância de cada uma das partes com as cláusulas das normas coletivas constituem aspecto relevante da autonomia da vontade.

4) Além dos limites e condições impostos pelo art. 104 do Código Civil de 2002, a interpretação do art. 8º, § 3º, da Consolidação das Leis

do Trabalho deve ser orientada pelos direitos fundamentais, sob pena de inconstitucionalidade.

5) A compatibilização com direitos fundamentais requer duas análises do art. 8º, § 3º, da Consolidação das Leis do Trabalho. A primeira, em abstrato, do próprio texto do artigo, que limita a atuação do Poder Judiciário. A segunda, a depender de cada caso concreto, da previsão de cada norma coletiva que porventura venha a ser submetida ao Poder Judiciário.

6) Na análise abstrata, embora uma leitura preliminar do artigo possa conduzir à conclusão de que há ofensas a direitos fundamentais como acesso à justiça, dignidade da pessoa humana e não retrocesso social, o aprofundamento do tema traz a conclusão de que é possível interpretar o art. 8º, § 3º, da Consolidação das Leis do Trabalho, sem violação a esses direitos.

7) A análise do não retrocesso social considera que não havia na legislação ordinária, nem na constitucional, direito garantido ao Poder Judiciário de rever e anular normas coletivas quando julgasse seu conteúdo injusto ou não adequado, mas uma lacuna na lei. O papel constitucional do Poder Judiciário Trabalhista (art. 114 da CF/1988) deveria ser compatibilizado com outras garantias constitucionais, como o reconhecimento das normas coletivas. Ademais, com a previsão do art. 8º, § 3º, da Consolidação das Leis do Trabalho, permanece resguardada a atuação do Poder Judiciário ao se deparar com caso em que a norma coletiva, no caso concreto, viole direitos fundamentais, ordem pública e bons costumes de forma a causar retrocesso social. Considera-se, porém, que a vedação ao retrocesso social não é regra de caráter absoluto, ou seja, não basta invocá-la para justificar a atuação do Poder Judiciário fora dos limites do art. 8º, § 3º, da Consolidação das Leis do Trabalho. É preciso enquadrá-la, quando for o caso, no teste de proporcionalidade e nas ponderações de direitos fundamentais de maneira geral.

8) Igualmente, a previsão do art. 8º, § 3º, da Consolidação das Leis do Trabalho não viola, de plano, o acesso à justiça. Está preservado, na vigência do art. 8º, § 3º, da Consolidação das Leis do Trabalho, o direito de acessar o Poder Judiciário para questionar a validade de determinada norma coletiva e dele obter resposta. A tutela jurisdicional, porém, será entregue a depender da conformidade da referida norma coletiva com os elementos do art. 104 do Código Civil de 2002. Ao Poder Judiciário é pertinente e legítimo decidir que não haverá intervenção em determinada norma coletiva em razão de dever ser preservado o direito fundamental ao reconhecimento das normas coletivas e a autonomia privada coletiva.

9) A dignidade humana continuará a permear as decisões do Poder Judiciário, o que não é coibido tampouco violado pelo art. 8º, § 3º, da Consolidação das Leis do Trabalho, dado ao caráter de fundamento da República Federativa do Brasil atribuído à dignidade humana. Sua aplicação, contudo, deve ser parcimoniosa e sempre acompanhada de outros fatores para se evitar, ao máximo, a interpretação puramente subjetiva e vaga da dignidade da pessoa humana. De plano, o art. 8º, § 3º, da Consolidação das Leis do Trabalho, não viola a dignidade humana, pois tal artigo visa a fomentar e reconhecer as normas coletivas no ordenamento jurídico trabalhista, o que também é um direito fundamental garantido pela Constituição Federal de 1988.

10) De outro lado, a aplicação do art. 8º, § 3º, da Consolidação das Leis do Trabalho, valoriza a autonomia privada coletiva e o reconhecimento das normas coletivas, prestigiados, respectivamente, pela ordem jurídica internacional (Convenções ns. 98 e 154 da OIT, ratificadas pelo Brasil), que se traduz em direito fundamental, conforme rege o art. art. 5º, § 2º, da Consolidação das Leis do Trabalho, e art. 7º, XXVI, da Constituição Federal de 1988.

11) Na análise específica de cada norma coletiva que porventura venha a ser submetida ao Poder Judiciário, e em casos que não se enquadrem facilmente nos termos do art. 611-A e 611-B, deve-se recorrer a direitos fundamentais, assim entendidos, em seu sentido amplo, como não só aqueles que integram o rol do art. 7º da Constituição Federal de 1988, mas também outros previstos em normas internacionais ou legislação apartada, desde que decorrentes dos regimes e princípios da Constituição Federal de 1988.

12) Neste ponto, reforça-se um dos grandes desafios do intérprete ao tentar conferir ao art. 8º, § 3º, da Consolidação das Leis do Trabalho interpretação compatível com os direitos fundamentais. Como os direitos fundamentais e os princípios da Constituição Federal de 1988 possuem, em sua maioria, conceito amplo e genérico (dignidade da pessoa humana, por exemplo), é esperado que, com facilidade, se alcance a equivocada conclusão de que toda e qualquer previsão de norma coletiva que difere da previsão legal viola algum ou vários direitos fundamentais ou princípios constitucionais.

13) O equilíbrio será alcançado pelo intérprete ao recorrer a outras ferramentas também indicadas pelo direito constitucional, como o teste de proporcionalidade e o respeito ao núcleo essencial do direito fundamental. Nesta análise, considera-se que a prevalência das normas coletivas também

se ampara em direitos fundamentais, sobretudo, o reconhecimento das normas coletivas e a autonomia privada coletiva.

14) Neste particular, o juiz, antes de intervir em determinada norma coletiva, deve considerar que o legislador ordinário pretendeu, com a reforma trabalhista, reforçar o papel da negociação coletiva, o que é legítimo segundo a própria previsão constitucional de reconhecimento das normas coletivas como direito fundamental do trabalhador.

15) Direitos como dignidade da pessoa humana e não retrocesso social são essenciais na aplicação do art. 8º, § 3º, da Consolidação das Leis do Trabalho. Mas, eles não permitem ao Poder Judiciário impedir, de plano, toda e qualquer negociação relativa aos temas tratados de forma ampla no art. 7º da Constituição Federal de 1988. Esses direitos fundamentais não impedem, por exemplo, toda e qualquer negociação coletiva relativa a férias, 13º salário ou PLR. É preciso analisar, primeiramente, se a norma coletiva segue formalidades legais e justifica em seus "considerandos" o contexto e as razões da negociação, além de se observar se a norma coletiva sobre esses temas não viola lei imperativa (no caso, os limites dos arts. 611-A e 611-B), ordem pública e os bons costumes. Além disso, mesmo que a previsão coletiva seja adequada aos termos do art. 104 do Código Civil de 2002, deve-se avaliar seu enquadramento perante os direitos fundamentais, com cuidado para definir, em cada caso, os contornos a serem assumidos por direitos amplos como não retrocesso social e dignidade da pessoa humana.

16) Importante lembrar que a CF/1988 permitiu a coexistência no ordenamento de figuras como a redução salarial (art. 7º, VI, da CF/1988) ou a compensação de jornada (art. 7º, XIII, da CF/1988), a dignidade humana e o não retrocesso social.

17) É fundamental que a previsão do art. 8º, § 3º, da Consolidação das Leis do Trabalho, não seja interpretada como conduta que favorece empresas e prejudica trabalhadores. Essa visão polarizada deve ser eliminada para se caminhar na real direção pretendida pela reforma trabalhista. O que se prioriza é a vontade coletiva, independente de determinada previsão da norma coletiva favorecer mais a empresa ou ao empregado. Por exemplo, se determinada norma coletiva prever, de forma diversa da lei, que o controle de horário por exceção somente pode ser acordado por acordo coletivo e não por acordo individual (ao contrário do art. 74, § 4º, da CLT), deve-se priorizar essa previsão da norma coletiva em detrimento da lei, independentemente de uma análise de que essa previsão interessaria mais à empresa ou ao empregado.

18) Caberá ao Poder Judiciário avaliar a compatibilidade de determinada previsão em norma coletiva, com base no teste de proporcionalidade, preservando o núcleo essencial dos direitos fundamentais e observando que a negociação coletiva também é um direito fundamental a ser protegido pelo Poder Judiciário e, tal e qual o direito a férias, 13º salário e PLR Participação nos Lucros e Resultados, integra o rol de direitos essenciais para garantir uma existência digna, pois preserva a autonomia coletiva de vontade.

Dessa forma, o art. 8º, § 3º, da Consolidação das Leis do Trabalho pode ser interpretado de forma compatível com os direitos fundamentais, sem que isso conduza à sua total ineficácia ou ao *status quo* do período pré-reforma trabalhista.

Conclusão

O art. 8º, § 3º, da Constituição Federal de 1988, é previsão trazida pela Lei n. 13.467/2017, que reflete alguns dos principais vetores da reforma trabalhista, como a prevalência do negociado sobre o legislado e o papel do juiz mais orientado pelas previsões legais, evitando-se decisões baseadas em interpretações puramente subjetivas.

O art. 104 do Código Civil de 2002 é referido pelo próprio art. 8º, § 3º, da Consolidação das Leis do Trabalho e deve orientar o papel do juiz ao julgar casos que requeiram a análise e a revisão de normas coletivas, sejam ações individuais ou coletivas.

A forma nas normas coletivas já era prevista na Consolidação das Leis do Trabalho antes mesmo da Lei n. 13.467/2017, mas é reforçada no contexto pós-reforma na medida em que constitui um dos requisitos de validade do negócio jurídico, nos termos do art. 104 do Código Civil de 2002. A forma da norma coletiva assume relevante papel não apenas como formalidade a ser cumprida pelas partes, mas como instrumento de se demonstrar e comprovar a verdadeira intenção das partes na negociação da norma coletiva, servindo ao juiz como indicativo da autonomia da vontade coletiva.

A validade do objeto da norma coletiva, por sua vez, mostrou-se não ser facilmente resolvida apenas pelas autorizações (art. 611-A da CLT) nem pelas vedações legais (art. 611-B da CLT).

A própria redação do art. 104 do Código Civil de 2002 já indica que o objeto lícito da norma coletiva não se qualifica meramente por não ofender a lei, mas que é preciso avaliar sua compatibilidade com normas de ordem pública e os bons costumes, conceitos não definidos em lei e que requerem, contudo, análise casuística.

Ademais, quando confrontados com os direitos fundamentais, as previsões dos arts. 611-A e 611-B, claramente, não se mostram suficientes. Há direitos fundamentais além daqueles previstos no art. 611-B (privacidade e proteção à maternidade, por exemplo) e há direitos do rol do art. 611-A que tangenciam direitos fundamentais (jornada de trabalho, por exemplo).

A análise da compatibilidade do art. 8º, § 3º, da Consolidação das Leis do Trabalho, com os direitos fundamentais deve considerar que o rol do art. 7º da Constituição Federal de 1988 não é suficiente para se concluir quais direitos dos trabalhadores devem ser preservados a despeito da regra de prevalência do negociado sobre o legislado. Primeiramente, porque o art. 5º, § 2º, da Constituição Federal de 1988, admite outros direitos além daqueles expressamente previstos no art. 7º da Constituição Federal de 1988, como é o caso dos direitos previstos em normas internacionais e daqueles que, de qualquer outra forma, estão assegurados na Constituição Federal de 1988.

Além disso, a qualificação de determinado direito como fundamental nos termos do rol do art. 7º da Constituição Federal de 1988, muitas vezes, não é suficiente para se concluir sobre o objeto lícito, ou ilícito, de determinada norma coletiva, o que é essencial para determinar a melhor interpretação do art. 8º, § 3º, da Consolidação das Leis do Trabalho. É o caso, por exemplo, do direito a férias, resguardada a sua duração de 30 dias como direito fundamental, mas não a sua partição de forma diferente da prevista em lei.

Em rigor, a previsão do art. 8º, § 3º, da Consolidação das Leis do Trabalho, é constitucional na medida em que a Constituição Federal de 1988 já garante o direito fundamental ao reconhecimento das normas coletivas, o bem maior protegido na norma infraconstitucional. Não há, de plano, ofensa a direitos fundamentais como acesso à justiça, dignidade humana ou não retrocesso social pelo art. 8º, § 3º, da Consolidação das Leis do Trabalho. Na análise de cada norma coletiva que flexibilize direitos trabalhistas, portanto, o papel do Poder Judiciário não deve ser invocar amplamente a violação a esses direitos, mas avaliar se determinada previsão de norma coletiva, de forma individual e concreta, viola direitos fundamentais dos trabalhadores, o que demandaria a intervenção do Poder Judiciário.

Essa análise, porém, não deve ser feita de forma livremente subjetiva ou desamparada, mas orientada pelo teste de proporcionalidade e pelo conteúdo essencial dos direitos fundamentais. No teste de proporcionalidade, é importante o Poder Judiciário não perder de vista o direito fundamental protegido pela Constituição Federal de 1988 e pelo art. 8º, § 3º, da Consolidação das Leis do Trabalho, qual seja, o reconhecimento das normas coletivas, que se traduz na autonomia privada coletiva. Este é o direito no qual o Poder Judiciário deve intervir minimamente e que deve prevalecer como forma de expressão do Estado Democrático de Direito.

Portanto, na verdade, é preciso deixar de analisar o art. 8º, § 3º, da Consolidação das Leis do Trabalho, como uma mera limitação à atuação do Poder Judiciário. Há, de fato, casos em que o Poder Judiciário deverá não intervir, sob pena de ofender o direito fundamental ao reconhecimento das normas coletivas. Mas, ao reverso, o artigo trouxe maior complexidade e sofisticação ao papel a ser desempenhado pelo Poder Judiciário ao analisar normas coletivas, pois é preciso garantir ao máximo a eficácia da norma alcançada pela negociação coletiva preservando, porém, os direitos fundamentais do trabalhador.

Este balanço somente será encontrado com a atuação do Poder Judiciário dirigido pela previsão legal do art. 104 do Código Civil de 2002 e da Constituição Federal de 1988, orientado pelo conceito de que a decisão judicial deve intervir o mínimo possível na manifestação de vontade das partes, não porque o propósito da lei é precarizar direitos trabalhistas, mas, sim, garantir que a autonomia privada coletiva seja efetivamente exercida e reconhecida pelo Poder Judiciário.

Referências

ANDERSON, Schreiber. *Direito civil e Constituição*. São Paulo. Grupo GEN, 2013. Disponível em: https://integrada.minhabiblioteca.com.br/#/books/9788522477210/. Acesso em: 4 jan. 2022.

BARROSO, Luís Roberto. *Ano do STF*: judicialização, ativismo e legitimidade democrática. 2008. Disponível em: https://www.conjur.com.br/2008-dez-22/judicializacao_ativismo_legitimidade_democratica. Acesso em: 21 mar. 2022.

BRASIL. *Tribunal Superior do Trabalho*. Ag-AIRR-799-76.2018.5.09.0021, 6ª Turma, Rel. Min. Katia Magalhães Arruda, j. 01.07.2022.

BRASIL. *Tribunal Superior do Trabalho*. RR-53100-33.2002.5.15.0105, 4ª Turma, Rel. Juiz Convocado José Antonio Pancotti, Public. 15.10.2004.

BRASIL. *Tribunal Superior do Trabalho*. RR-7073300-85.2002.5.04.0900, 2ª Turma, Rel. Min. Vantuil Abdala, Public. 06.11.2009.

BRASIL. *Tribunal Superior do Trabalho*. RR-1566-82.2010.5.04.0232, 2ª Turma, Rel. Min. Delaide Alves Miranda Arantes, Public. 19.12.2017.

BRASIL. *Tribunal Superior do Trabalho*. ROT-80465-78.2020.5.07.0000, Seção Especializada em Dissídios Coletivos, Rel. Min. Alexandre de Souza Agra Belmonte, Public. 21.10.2022.

BRASIL. *Tribunal Superior do Trabalho*. ROT-294-27.2019.5.23.0000, Seção Especializada em Dissídios Coletivos, Rel. Min. Mauricio Godinho Delgado, Public. 29.04.2022.

BRASIL. *Tribunal Superior do Trabalho*. RO-22166-97.2017.5.04.0000, Seção Especializada em Dissídios Coletivos, Rel. Min. Ives Gandra Martins Filho, Public. 17.10.2019.

BRASIL. *Tribunal Superior do Trabalho*. ROT-24517-80.2020.5.24.0000, Seção Especializada em Dissídios Coletivos, Rel. Min. Delaide Alves Miranda Arantes, Public. 17.12.2021.

BRASIL. *Superior Tribunal de Justiça*. AIRR-11049-35.2016.5.18.0104. 8ª Turma, Rel. Min. Dora Maria da Costa, j. 19.12.2017.

BRASIL. *Supremo Tribunal Federal*. RE 590415. Min. Luís Roberto Barroso. Disponível em: https://portal.stf.jus.br/processos/detalhe.asp?incidente=2629027. Acesso em: 21 mar. 2022.

BRASIL. *Supremo Tribunal Federal*. Arguição de Descumprimento de Preceito Fundamental. 501. Santa Catarina. Rel. Min. Alexandre de Moraes, j. 08.08.2022. Disponível em: https://portal.stf.jus.br/processos/downloadPeca.asp?id=15352760759&ext=.pdf. Acesso em: 22 nov. 2022. Processo 001478582.2017.1.00.0000, j. 08.08.2022.

BRASIL. *Tribunal Regional do Trabalho da 10ª Região* — TRT10. RO 00002579620165100022 DF, 1ª Turma, j. 21.02-2018, Public. 01.03.2018.

BRASIL. *Tribunal Regional do Trabalho da 3ª Região* — TRT3. RO18205/98 (NL01-422/98). 3ª Turma, Rel. Maria Laura F. Lima de Faria. j. 20.07.1999.

BRASIL. *Tribunal Regional do Trabalho da 3ª Região*. PJe: 0011680-46.2018.5.03.0000 (AACC), Seção de Dissídios Coletivos, Rel. Convocado Carlos Roberto Barbosa, Public. 29.04-2019.

BRASIL. *Tribunal Regional do Trabalho da 2ª Região. ARE 1.121.633*. Processo: 1000829-90.2020.5.02.0386, 17ª Turma, Cadeira 2, Rel. Maria de Lourdes Antonio, j. 22.09.2022.

BRASIL. *Tribunal Regional do Trabalho da 2ª Região*. Processo: 1000181-70.2021.5.02.0000, SDC, Cadeira 10, Seção Especializada em Dissídio Coletivo, Rel. Celso Ricardo Peel Furtado de Oliveira, j. 23.08.2021.

BRASIL. *Tribunal Regional do Trabalho da 2ª Região*. Processo: 1004123-13.2021.5.02.0000, SDC Cadeira 2, Seção Especializada em Dissídio Coletivo, Rel. Catarina Von Zuben, j. 01.09.2022.

BRASIL. *Tribunal Regional do Trabalho da 2ª Região*. Processo: 1000945-69.2021.5.02.0028, 16ª Turma, Cadeira 5, Rel. Orlando Apuene Bertão, j. 07.10.2022.

BRASIL. *Tribunal Regional do Trabalho da 2ª Região*. Processo: 10006076220195020482 SP, Rel. Rui Cesar Publio Borges Correa, 6ª Turma, Cadeira 4, Public. 13.05.2021.

BRASIL. *Tribunal Regional do Trabalho da 15a Região*, Proc. n. 12.091/2000-ROS-4, 3ª Turma.

BRASIL. *Tribunal Regional do Trabalho da 15ª Região*, Recurso Ordinário 1146-2007-059-15-00-9, Acórdão 45622/08, 5ª Câmara, Rel. Des. Francisco Alberto da Motta Peixoto Giordani, DOESP 01.08.2008.

BRASIL. *Tribunal Superior do Trabalho*, ROT: 101390720205030000. Rel. Katia Magalhães Arruda. Seção Especializada em Dissídios Coletivos, j. 16.08.2021, Public. 30.08.2021.

BRASIL. *Tribunal Superior do Trabalho*, RR: 2280320175090325. Rel. José Roberto Freire. 2ª Turma, j. 12.06.2019, Public. 14.06.2019.

BRASIL. *Tribunal Superior do Trabalho.* ED-RRAg-1000641-43.2016.5.02.0708, 8ª Turma, Rel. Min. Delaide Alves Miranda Arantes, Public. 13.06.2022.

BRITO FILHO, José Claudio Monteiro de. *Direito sindical.* 8. ed. São Paulo: LTr, 2019.

CAPELLETTI, Mauro; GARTH, Bryan. *Acesso à justiça*. Porto Alegre: Sergio Antonio Fabris, 1988.

CASSAR, Vólia Bomfim. *Direito do trabalho.* Niterói/RJ: Impetus, 2008.

CASSAR, Vólia Bomfim. *Direito do trabalho.* 9. ed. Rio de Janeiro: Forense; São Paulo: Método, 2014.

CRETELLA NETO, José. Da importância do preâmbulo nos contratos internacionais do comércio. *Rev. Fac. Direito UFMG*, Belo Horizonte, n. 57. p. 211-240, jul.-dez. 2010.

DELGADO, Mauricio Godinho. *Curso de direito do trabalho.* 9. ed. São Paulo: LTr, 2010.

DELGADO, Mauricio Godinho; NEVES, Gabriela. *A reforma trabalhista no Brasil.* São Paulo: LTr, 2017.

DELGADO, Mauricio Godinho; NEVES, Gabriela. *Constituição da República e direitos fundamentais* — dignidade da pessoa humana, justiça social e direito do trabalho. 4. ed. São Paulo: LTr, 2017.

DINIZ, Maria Helena. *Curso de direito civil brasileiro* — teoria geral do direito civil. 24. ed. São Paulo: Saraiva, 2007.

DINIZ, Maria Helena. *Curso de direito civil brasileiro.* São Paulo: Saraiva, 2021.

GONÇALVES, Carlos Roberto. *Direito civil brasileiro* — parte geral. São Paulo: Saraiva, 2012.

GONÇALVES, Carlos Roberto. *Direito esquematizado* — direito civil 1 — parte geral (obrigações/contratos). São Paulo: Saraiva, 2019.

GONÇALVES, Marcus Vinicius Rios. *Curso de direito processual civil.* v. 1. São Paulo: Saraiva, 2022. Disponível em: https://integrada.minhabiblioteca.com.br/#/books/9786553622807/. Acesso em: 19 abr. 2022.

GUIMARÃES, Ricardo Pereira de Freitas. *A possibilidade de aplicação no direito do trabalho do princípio constitucional da proporcionalidade para efetivação dos direitos fundamentais.* Tese (Doutorado em Direito), Pontifícia Universidade Católica de São Paulo (PUC-SP), São Paulo, 2014.

HABERMAS, Jürgen. *Comentários à ética do discurso.* Lisboa, Portugal, Instituto Piaget, 1991.

LEITE, Carlos Henrique. *Curso de direito do trabalho*. São Paulo: Saraiva, 2018.

LOPES, Ana Maria Dávila. O conteúdo essencial dos direitos fundamentais no direito comparado. *Revista do Curso de Mestrado em Direito da UFC*, 2005.

MANCUSO, Rodolfo de Camargo. *Acesso à justiça*: condicionantes legítimas e ilegítimas. São Paulo: RT, 2011.

MANUS, Pedro Paulo Teixeira. Limites à análise da negociação coletiva conforme a reforma trabalhista. *Revista Consultor Jurídico*, 6 out. 2017. Disponível em: https://www.conjur.com.br/2017-out-06/reflexoes-trabalhistas-limites-analise-negociacao-coletiva-conforme-reforma-trabalhista. Acesso em: 21 mar. 2022.

MARMELSTEIN, George. *Curso de direitos fundamentais*. 8. ed. São Paulo: Grupo GEN, 2019. Disponível em: https://integrada.minhabiblioteca.com.br/#/books/9788597021097/. Acesso em: 3 fev. 2022.

MARTINEZ, Luciano. *Curso de direito do trabalho*. São Paulo: Saraiva, 2020. Disponível em: https://integrada.minhabiblioteca.com.br/#/books/9788553618408/. Acesso em: 6 jan. 2022.

MARTINEZ, Luciano. *Curso de direito do trabalho*: relações individuais, sindicais e coletivas do trabalho. São Paulo: Saraiva, 2021. Disponível em: https://integrada.minhabiblioteca.com.br/#/books/9786555594775/. Acesso em: 12 abr. 2022.

MARTINEZ, Luciano. O princípio da intervenção mínima na autonomia da vontade coletiva. p. 115. *Revista da Associação dos Magistrados da Justiça do Trabalho da 5ª Região-BA*, Amatra 5, n. 114, 2018.

MELO, Raimundo Simão de. Flexibilização de direitos por meio de negociação coletiva. *Revista Consultor Jurídico*, 28 fev. 2020. Disponível em: https://www.conjur.com.br/2020-fev-28/reflexoes-trabalhistas-flexibilizacao-direitos-meio-negociacao-coletiva. Acesso em: 21 mar. 2022.

MORAES, Alexandre de. *Direito constitucional*. 25. ed. São Paulo: Atlas, 2010.

NASCIMENTO, Amauri Mascaro. *Compêndio de direito sindical*. 8. ed. São Paulo: LTr, 2015.

OIT. *Liberdade sindical*: recompilação de decisões e princípios do comitê de liberdade sindical do conselho de administração da OIT. Brasília, 1997 (traduzido do original espanhol). Disponível em: https://www.ilo.org/wcmsp5/groups/public/---americas/---ro-lima/---ilo-brasilia/documents/publication/wcms_231054.pdf. Acesso em: 22 nov. 2022.

OLIVEIRA, Eduardo Ribeiro de. *Comentários ao Novo Código Civil*. v. 2. São Paulo: Forense, 2008.

ORGANIZAÇÃO INTERNACIONAL DO TRABALHO. *C158* — Término da Relação de Trabalho por Iniciativa do Empregador. Disponível em: https://www.ilo.org/brasilia/convencoes/WCMS_236164/lang--pt/index.htm. Acesso em: 29 abr. 2022.

PEDUZZI, Maria Cristina Irigoyen. O art. 8º, §§ 2º e 3º, da Lei n. 13.467/2017: uma reação hermenêutica ao ativismo judicial? *Revista do Tribunal Superior do Trabalho*, São Paulo, v. 85, n. 1. p. 19-33, jan.- mar. 2019. Disponível em: https://juslaboris.tst.jus.br/handle/20.500.12178/157116. Acesso em: 22 nov. 2022.

PELUSO, Cezar. *Código Civil comentado*: doutrina e jurisprudência. 15. ed. Barueri/SP: Manole, 2021.

PELUSO, Cezar. *Código Civil comentado*: doutrina e jurisprudência. 16. ed. São Paulo: Manole, 2022.

PEREIRA, Jane Reis. *Interpretação constitucional e direitos fundamentais*. São Paulo: Saraiva, 2018. Disponível em: https://integrada.minhabiblioteca.com.br/#/books/9788553600281/. Acesso em: 30 mar. 2022.

REALE, Miguel. *Lições preliminares de direito*. São Paulo: Saraiva, 2009.

ROBORTELLA, Carlos Amorim; PEREZ, Antonio Galvão. *Sindicatos e autonomia privada coletiva*. São Paulo: Almedina, 2017.

RODRIGUEZ, Américo Plá. *Princípios de direito do trabalho*. 3. ed. São Paulo: LTr, 2004.

ROMAR, Carla Teresa Martins. Concertação social: possibilidade ou utopia no cenário da estrutura sindical brasileira? *In*: COLUMBU, Francesca; MASSONI, Túlio de Oliveira. *Sindicatos e autonomia privada coletiva*. São Paulo: Almedina, 2017.

SABINO, João Filipe Moreira Lacerda. Os direitos fundamentais nas relações de trabalho. *In*: PIOVESAN, Flávia; CARVALHO, Luciana Paula Vaz (coord.). *Direitos humanos e direito do trabalho*. São Paulo: Atlas, 2010.

SANTOS, Boaventura de Souza. Poderá o direito ser emancipatório? *Revista Crítica de Ciências Sociais*, maio 2003.

SANTOS, Enoque Ribeiro dos. *Negociação coletiva de trabalho*. 3. ed. São Paulo: Grupo GEN, 2018.

SARLET, Ingo Wolfgang; MITIDIERO; Daniel; MARINONI, Luiz Guilherme. *Curso de direito constitucional*. São Paulo: Saraiva, 2020. Disponível em: https://integrada.minhabiblioteca.com.br/#/books/9788553619344. Acesso em: 13 abr. 2022.

SARLET, Ingo Wolfgang. *A eficácia dos direitos fundamentais*: uma teoria geral dos direitos fundamentais na perspectiva constitucional. 13. ed. São Paulo: Livraria do Advogado, 2021.

SARLET, Ingo Wolfgang. Os direitos fundamentais sociais e a assim chamada proibição de retrocesso: contributo para uma discussão. *In*: ALMEIDA, Renato Rua de (coord.). *Aplicação da teoria do diálogo das fontes no direito do trabalho*. São Paulo: LTr, 2015.

SARMENTO, Daniel. *Direitos fundamentais e relações privadas*. 2. ed. Rio de Janeiro: Lumen Juris, 2010.

SILVA, Homero Batista Mateus. *CLT comentada*. 2. ed. São Paulo: RT, 2018.

SILVA, Virgílio Afonso da. *Direito constitucional brasileiro*. São Paulo: Edusp, 2021.

SÜSSEKIND, Arnaldo. *Direito constitucional do trabalho*. Rio de Janeiro: Renovar, 1999.

TARTUCE, Flávio. *Manual de direito civil*. Rio de Janeiro: Forense, 2022.

TEIXEIRA FILHO, João de Lima. *Instituições de direito do trabalho. São Paulo:* LTr, 1995.

THEODORO JÚNIOR, Humberto. *Curso de direito processual civil*. v. 1. São Paulo: GEN, 2021. Disponível em: https://integrada.minhabiblioteca.com.br/#/books/9786559642120/. Acesso em: 19 abr. 2022.

Referências normativas

Associação Brasileira de Normas Técnicas — ABNT

ABNT NBR 6023: 2018 — Informação e documentação — Referências — elaboração

ABNT NBR 6022:2018 — Informação e documentação — Artigo em publicação periódica técnica e/ou científica — Apresentação

ABNT NBR 6027: 2012 — Informação e documentação — Informação e documentação — Sumário — Apresentação

ABNT NBR 14724: 2011 — Informação e documentação — Trabalhos acadêmicos — Apresentação

ABNT NBR 15287: 2011 — Informação e documentação — Projetos de pesquisa — Apresentação

ABNT NBR 6034: 2005 — Informação e documentação — Índice — Apresentação

ABNT NBR 12225: 2004 — Informação e documentação — Lombada — Apresentação

ABNT NBR 6024: 2003 — Informação e documentação — Numeração progressiva das seções de um documento escrito — Apresentação

ABNT NBR 6028: 2003 — Informação e documentação — Resumo — Apresentação

ABNT NBR 10520: 2002 — Informação e documentação — Citações em documentos — Apresentação